Albert Hermann Dietrich

Erinnerungen an Johannes Brahms

in Briefen besonders aus seiner Jugendzeit

Albert Hermann Dietrich

Erinnerungen an Johannes Brahms
in Briefen besonders aus seiner Jugendzeit

ISBN/EAN: 9783743429451

Hergestellt in Europa, USA, Kanada, Australien, Japan

Cover: Foto ©Thomas Meinert / pixelio.de

Albert Hermann Dietrich

Erinnerungen an Johannes Brahms

Erinnerungen an Johannes Brahms

in Briefen besonders aus seiner Jugendzeit.

Von

Albert Dietrich
Hofcapellmeister a. D.

Mit einem Jugendbildnisse.

Leipzig
Verlag von Otto Wigand.
1898.

Vorwort.

Da sich in meinem Besitze eine größere Anzahl Briefe von Johannes Brahms an mich befindet, wurde ich von befreundeter Seite aufgefordert, diese im Zusammenhange mit meinen persönlichen Erinnerungen an den unvergeßlichen, uns und der Kunst zu früh entrissenen Freund der Oeffentlichkeit zu übergeben.

Nach langem Zögern habe ich mich dazu entschlossen. Gewiß werden die Brahmsfreunde und die Brahmsgemeinde manches für sie Werthvolle und Interessante in den Briefen finden. Und um so mehr wird diese Sammlung auf freundliche Aufnahme rechnen können, als einmal über die Jugendjahre des werdenden Künstlers noch wenig an die Oeffentlichkeit gelangt ist, dann aber auch Brahms in den Briefen uns menschlich so nahe tritt und wir neben dem bewunderten Genie auch die warmherzige Gesinnung, den liebenswürdigen Mann, den treuen Freund im vertrauten Kreise kennen lernen. Daß auch Briefe von

Clara Schumann, Joachim und Anderen, die Brahms im Leben nahe gestanden haben, aufgenommen worden sind, bedarf wohl keiner Rechtfertigung.

So mögen denn die vorliegenden anspruchslosen Zeilen dazu beitragen, das Bild des großen Tondichters zu vervollständigen und zu vertiefen. Wenn mir das in den folgenden Blättern gelungen ist, dann sehe ich darin meinen schönsten Erfolg.

Albert Dietrich.

Im Herbst des Jahres 1851 kam ich als zweiundzwanzigjähriger Jüngling nach Düsseldorf, um in der Nähe R. Schumann's zu leben, den ich hoch verehrte. Er sowohl, wie seine Gattin nahmen mich mit großer Güte auf, und ich durfte täglich in ihrem Hause verkehren.

Ein herrlicher Zug in Schumann's Charakter war seine überaus herzliche Theilnahme an den Bestrebungen jüngerer Musiker.

Daraus erklärt sich auch die Begeisterung, die er dem jungen Brahms 1853 in Düsseldorf entgegenbrachte. Joachim hatte ihn angelegentlich empfohlen und den Meister auch auf die genialen Arbeiten des jungen Mannes hingewiesen.

Bald nach seiner Ankunft im September desselben Jahres — es war bei einer Uebung des Singvereins — kam Schumann vor Beginn mit geheimnißvoller Miene und glückselig lächelnd auf mich zu: „Es ist Jemand gekommen," sprach er, „von dem werden wir Alle Wunderdinge erleben, Johannes Brahms heißt er."*)

---

*) „Neue Bahnen!" Begeisterter Aufsatz von R. Schumann über Brahms in der „Neuen Zeitschrift für Musik".

Und nun führte er mir den jugendlichen, so interessant, wie eigenartig aussehenden jungen Musiker zu, der in seiner noch beinahe knabenhaften Erscheinung, mit seiner hellen Stimme, den langen blonden Haaren, in seinem schlichten grauen Sommerröckchen einen höchst anziehenden Eindruck machte.

Besonders schön war an ihm der energische, charakteristische Mund, und der ernste, tiefe Blick, in dem sein ganzes geniales Wesen sich aussprach.

Der zwanzigjährige Brahms wurde sehr bald heimisch in den Düsseldorfer Kreisen, hauptsächlich bei Künstlern und in deren Familien, so besonders bei Sohn, Leising, Gude, Schirmer und bei manchen Anderen, auch bei dem blinden Fräulein Leser, mit dem Schumann's eng befreundet waren, und um die man sich oft und gern zum Musiciren versammelte. Sein bescheidenes und doch gewinnendes Auftreten öffnete ihm bald alle Herzen.

So erinnere ich mich einer Abendgesellschaft, die bald nach seiner Ankunft in der ebenso gastfreien wie musikliebenden Familie Euler stattfand. Brahms wurde aufgefordert zu spielen, und trug die F-dur-Toccata von Bach und sein Es-moll-Scherzo mit wunderbarer Kraft und Meisterschaft vor; seiner damaligen Gewohnheit gemäß summte er, vor innerer Erregung bebend, die Melodie halblaut mit und hielt das Haupt tief über die Tasten gebeugt. Gegen die auf das Spiel folgenden übermäßigen Lobsprüche verhielt er sich bescheiden ablehnend. Man war allenthalben des Staunens voll über ihn und seine hervorragende Begabung, und

vornehmlich die musikalische Jugend war ganz erfüllt
von dem bedeutenden künstlerischen Eindruck, den sein
immer charakteristisches, mächtiges und, wo es sein mußte,
so überaus zartes Spiel und seine wunderbaren Com=
positionen hervorgerufen hatten, so daß der Wunsch, ihn
von Neuem zu hören, allenthalben getheilt wurde.

Bald darauf wurde ein Ausflug nach dem Grafenberg
unternommen. Brahms war mit dabei und zeigte sich
hier in seiner ganzen liebenswürdigen Jugendfrische und
Harmlosigkeit; scherzend und neckend zog er Rüben aus
dem Felde und bot diese sorgfältig abgeputzt den Damen
als Erfrischung an. Auf dem Heimwege fanden Brahms
und ich, die einzigen Musiker in der Gesellschaft, uns
zusammen. Da erzählte er mir im Laufe des Gesprächs,
daß er beim Componiren sich gern an Volkslieder er=
innerte und daß die Melodien sich dann von selbst ein=
stellten. So hätten ihm im Finale seiner C-dur-Sonate
im Sechsachtel=Takte die Worte: „Mein Herz ist im
Hochland" vorgeschwebt und in der Fis-moll-Sonate op. 2
habe er zur Melodie des zweiten Satzes die Worte eines
altdeutschen Liedes zu Grunde gelegt: „Mir ist leide,
daß der Winter Beide, Wald und auch die Haide, hat
gemachet kahl."

Diese beiden phantasie= und lebensvollen und in
der Form vollendeten Sonaten waren schon in jeder
Beziehung meisterhaft. Von der zweiten Sonate ver=
ehrte er mir das Manuscript, schön und sauber ge=
schrieben und mit einer Widmung versehen. Sonst sprach
Brahms nie von den Arbeiten, die er noch unter der

Jeder hatte, ebenso wenig von Compositionsplänen für die spätere Zeit.

Am Abende desselben Tages nahm uns die Familie des Professors Sohn mit in ihr gastliches Haus, und hier begann in dem schönen Musiksaal bald lebhaftes Spiel. In der Gesellschaft befanden sich auch einige junge schwedische Maler, die ihres höchst sympathischen Quartettgesanges wegen in Düsseldorf überall beliebt waren. Damals entzückte Brahms seine Zuhörer mit den Liedern: „O versenk" und: „Sie ist gegangen, die Wonnen versanken" zu heller Begeisterung. Unvergeßlich ist mir auch noch, wie er die zarte und poetische G-dur-Phantasie von Schubert vortrug. Auch spielte er Variationen aus seiner C-dur-Sonate über das alte Lied: „Verstohlen geht der Mond auf" und machte damit tiefen Eindruck.

Die Natur des jungen Künstlers war kerngesund, selbst die ernsteste Geistesarbeit strengte ihn kaum an. Er konnte aber auch zu jeder Stunde des Tages fest einschlafen, wenn er es wollte. Im Verkehr mit Seinesgleichen war er munter, bisweilen auch übermüthig, derb und voll toller Einfälle. Wenn er zu mir die Treppe hinauf kam, so geschah es in jugendlichem Ungestüm, mit beiden Fäusten pochte er an die Thür und ohne Antwort abzuwarten stürmte er herein. Seine auffallend helle Stimme zwang er durch heiseres Sprechen tiefer herab, und so bekam sie einen gedrückten, nicht eben schönen Klang.

Einmal wurde Joachim zum Besuch erwartet. Schumann schlug uns in heiterer Stimmung vor, gemein=

schaftlich eine Violinsonate zu componiren. Joachim sollte dann errathen, von wem jeder Satz wäre. Der erste Satz fiel mir zu, das Intermezzo und Finale componirte Schumann, und das Scherzo hatte Brahms nach einem Motiv aus meinem ersten Satze ausgeführt. Als nun Clara Schumann und Joachim uns die Sonate vortrugen, traf dieser sofort das Richtige und erkannte den Autor eines jeden Satzes.

Das Manuscript der Sonate wurde Joachim zum Geschenk gemacht, und Schumann schrieb darauf die Widmung:

F. A. E.

„In Erwartung der Ankunft des verehrten und geliebten Freundes Joseph Joachim schrieben diese Sonate Robert Schumann, Johannes Brahms, Albert Dietrich."

Damals, es war im November 1853, sandte ich an meinen Freund Ernst Naumann*), Musiker in Leipzig, folgende Charakteristik über Brahms:

„Das Wunderbarste an Brahms ist, daß er, in gänzlicher Einsamkeit in Hamburg lebend, bis vor ganz kurzer Zeit noch nichts von Schumann, Chopin und Anderen kennen gelernt hatte, und trotzdem ist das Terrain, welches die Neueren betreten, ihm ein ganz heimathlicher Boden; ja Compositionen aus früher Kindheit steigen bereits in recht hohe Regionen.

„Wenn seine Musik überhaupt an irgend etwas erinnert, so ist es der späte Beethoven. Dann zieht sich etwas Volksliedartiges durch alle seine Werke, und dies ist

---

*) Seit vielen Jahren Musikdirector in Jena.

es eigentlich, glaube ich, was seiner ganzen Musik den herzgewinnenden Zauber verleiht.

„Dann ist es die höchste Unmittelbarkeit und Ursprünglichkeit selbst der fremdartigsten und wunderjamsten Combinationen, die überall ganz ungesucht, fast naiv auftreten und deshalb eben von so herrlicher Wirkung sind.

„Wie es nicht anders sein kann, ist Brahms ein lieber, herrlicher Mensch; das Genie steht ihm auf der Stirn geschrieben und leuchtet aus seinen klaren blauen Augen. Er ist zwanzig Jahre alt, hat bereits viel gelitten und harte Zeiten durchgemacht; in dieser Schule aber viel gelernt und seinen Charakter befestigt.

„In diesem Sommer kam er zum ersten Mal aus seinen trüben Kreisen, die ihn bisher umzogen, heraus, brachte mit Joachim einige Monate in Göttingen zu, um Vorlesungen zu hören, und kam dann an den Rhein.

„Er war recht selig, in der Vorahnung besserer Zeiten und im Genusse der schönen freien Gegenwart.

„Jetzt ist er in Hannover. Joachim will ihn nicht von sich lassen. Schumann schwärmt für ihn, so wie ich auch. Unsere Freundschaft ist die herzlichste." —

Zum Beweise wie die auswärtigen jungen Musiker gespannt waren, die Bekanntschaft von Brahms zu machen, füge ich hier einige an mich gerichtete Briefe bei. Joachim und ich hatten an unsern gemeinschaftlichen Freund, Theodor Kirchner in Winterthur, der, ein bedeutender Componist, dort als Organist angestellt und ein außerordentlich gesuchter Musiklehrer war, begeistert geschrieben. Er antwortete mir folgendermaßen:

23. Oktober 1853.

Lieber Freund!

Du siehst, daß ich nicht komme, weil ich schreibe. Der Grund ist bedeutendes Unwohlsein, das mich noch für einige Zeit ans Zimmer fesselt. Den ganzen Sommer hatte ich so schön Zeit zum Kranksein gehabt, nein, es muß gerade jetzt kommen, wo mich Eure, Deine und Joachim's Briefe gleich Zauberspiegeln fast verrückt machen. Denket meiner, wenn Ihr glücklich seid! Im Laufe des Winters sonst noch irgendwo hinzugehen, habe ich in Folge dieser vereitelten Hoffnung gar keine Lust.

Bedaure mich ein wenig und schwelge nach Herzenslust. Lebe wohl, laß bald wieder etwas von Dir hören.

Dein Theodor Kirchner.

Ebenso kam ein Brief an mich von einem mir nahe befreundeten Musiker aus Leipzig:

Leipzig, Oktober 1853.

Lieber Freund!

Schreibe mir Deine aufrichtige Meinung über Brahms. Ich bin furchtbar begierig, ihn kennen zu lernen.

Wenn Schumann's herkommen, muß er mit her, der neue Johannes oder Messias, damit wir uns alle von ihm taufen lassen.

Was ist er sonst für ein Mensch? Ach schreibe, bitte, schreibe mir bald, was Du von ihm hältst. Ist er noch in Düsseldorf? In welcher Art ist seine Musik, was hat er gemacht? Wann werden Schumann's endlich ein=

mal herkommen? Es ist sehr nothwendig, daß es bald
geschieht. Nun lebe wohl und beantworte mir alle meine
Fragen.
Dein v. S...

Schumann hatte Brahms gerathen, nach Leipzig zu
gehen, um seine Werke dem Publikum vorzuführen und
dort öffentlich zu spielen. Bald nachdem er dort ange=
kommen, erhielt ich folgenden Brief von meinem soeben
erwähnten Freunde v. S... Er schrieb:

Leipzig, November 1853.
Lieber Dietrich!

Brahms wohnt bei mir. Es ist ein himmlischer
Mensch! Wie muß man Schumann dankbar sein, diesen
Kerl aus Tageslicht gebracht zu haben. Die Tage, seit=
dem er hier ist, gehören zu den schönsten, die ich je er=
lebt. Er entspricht so ganz dem Ideal, wie ich es mir
von einem Künstler gemacht. Und als Mensch! — Doch
genug, Du kennst ihn ja selbst am besten. Ich habe ihn
zu Härtels, Moscheles, David und Anderen geführt.

Gestern früh war David bei uns und spielte Brahms'
Violinsonate. Brahms spielte ihm dann seine C-dur-
Sonate vor. David war ganz verblüfft vor Staunen.

Heute Nachmittag kommt Marie Wieck und einige Leute,
wahrscheinlich auch Rietz zu mir, um ihn kennen zu lernen.

Leider kann er nur bis Freitag bleiben. Er hat
jedoch versprochen und ich glaube er wird sein Versprechen
halten, bald wieder zu kommen.

Brahms sitzt auf dem Kanapee, um Dir zu schreiben. —

Wie behaglich und wohl sich Brahms in Leipzig fühlte, gibt folgender Brief von ihm zu erkennen:

Leipzig, November 1853.

Herzlieber Dietrich!

Ueber alle Gebühr freundliche Aufnahme habt Ihr mir hier in Leipzig verschafft, und ich kann so ungezogen sein, Euch ganz mit Briefen zu verschonen.

Nehmt mir's nicht gar zu übel, es laufen mir die Briefe so schwer aus der Feder. Seit Donnerstag Abend bin ich in Leipzig, habe jedoch nur eine Nacht im Hôtel zugebracht. Unser werther und lieber Freund v. S... litt es nicht länger. Er opfert sich hier für mich auf.

Härtels haben mich unendlich freundlich aufgenommen, ebenso Moscheles und David. Wenn unser Meister noch in Düsseldorf ist, erzähle es ihm doch und sage ihm, wie hoch ich ihn verehre, wie lieb ich ihn habe und wie dankbar ich gern wäre.

Sollte Frau Schumann es unlieb sein, wenn ich ihr die Fis-moll-Sonate zueignete? Schreib' mir doch darüber.

Lebe recht wohl, Theurer, und gedenke bisweilen

Deines Johannes.

Von Leipzig reiste er höchst befriedigt und beglückt durch die Zuneigung so vieler ihm werther Menschen und auch durch das Interesse, das die Verleger an ihm gewannen, zunächst nach Hannover. Vor der Abreise aus Leipzig schrieb er mir:

Leipzig, November 1853.

Lieber Dietrich!

Ich hoffe, morgen Mittag in Hannover anzukommen und den Mittwoch da zuzubringen; ich muß dann weiter; aber könntest Du nicht gar den Mittwoch auch in der erhabnen Residenz zubringen? Es wäre prächtig! Ich bliebe solcher Freude wegen auch wohl den Donnerstag.

? ? ?
! ! !

Dein Johannes.

Für die Innigkeit seines Verhältnisses speciell zu Schumann's spricht folgender Brief:

Hannover 1853.

Herzlieber Freund!

Vielen Dank für die mir gesandten Lieder und so manchen theuren Brief. Ich halte die Romanze vom Pagen und der Königstochter nächst dem C-moll-Trio für Dein schönstes Werk; es ist so warm, so wahr und so romantisch.

Du bist mir gewiß recht böse, daß ich so selten meine Schreibfaulheit überwinde. Welch' hohe Festtage sind uns hier durch Schumann's geworden!

Was soll ich Dir davon erzählen. Alles kommt mir seitdem hier ordentlich lebendig vor, und das will viel sagen. Denn in Hannover lebt nichts. Grüße mir die Herrlichen vielmals!

Dein Johannes.

Wie bald sollte dieser unser glücklicher Kreis, der sich um die hoch verehrte und geliebte Familie Schumann so warm und innig geschlossen, aufs Schmerzlichste zerrissen werden. Denn es kam nun die bekannte Zeit von Schumann's erschütternder Erkrankung bis zu dem traurigen Ende, wo er nach Endenich bei Bonn gebracht wurde. Ich erhielt in den furchtbaren Tagen folgende Briefe:

Lieber Freund!

Immer machte ich mir dieser Tage her die künstlerische Sorge, Schumann wäre mir meiner letzten Arbeit wegen ungünstig gestimmt und könne sich deßhalb nicht entschließen, mir zu schreiben, wie sie ihm gefallen, obgleich ich mir es mit meinem reinen Willen bei jeder Arbeit und mit seiner Milde im Urtheil gar nicht zusammenzureimen wußte.

Nun lese ich eben die Kölnische Zeitung, und meine künstlerische Sorge verwandelt sich in die noch ernstere um das Wohl des theuren Freundes und Meisters.

Lieber Dietrich, wenn Du an Brahms und an mich nur irgend in Freundschaft gedenkst, so erlöse uns vom Kummer und schreibe doch augenblicklich, ob es denn wirklich so schlimm um Schumann steht, wie die Zeitung sagt, und gib uns immer Kunde, sobald eine Veränderung in seinem Zustand eintritt. Es ist zu traurig, meilenweit getrennt Sorge zu empfinden um das Leben von Jemand, an den wir mit unseren besten Kräften gebunden sind. Ich kann die Stunde kaum erwarten, die mir Nachricht von ihm bringt; mir ist ganz wirr vor Schreck!

Schreib' bald!

Dein J. Joachim.

Winterthur, 9. März 1854.

Mein lieber Freund!

Noch nie hat mich im Leben etwas so bewegt und tief erschüttert, als das fürchterliche Ereigniß mit unserm verehrten, geliebten Schumann. Die erste Nachricht erhielt ich vorgestern durch Musikdirector Schmitt aus Frankfurt, den ich in Zürich bei Richard Wagner traf. Seitdem weiß ich nicht mehr, wo mir der Kopf steht, vor innerer Aufregung. Schon hatte ich angefangen, Dir zu schreiben, als ich Deinen Brief erhielt. Meinen herzlichen Dank dafür. Obgleich die Thatsachen dieselben bleiben, so habe ich doch jetzt wieder etwas Muth gefaßt und hoffe noch immer, daß Gott diese große edle Natur noch nicht zu Grunde gehen läßt. Wir alle wären furchtbar vereinsamt ohne ihn, und mir wenigstens würde alle Lust für eigene Bestrebungen vergehn. Ach, und die arme Clara, was mag die leiden! Wenn sie auch jetzt noch Alles stark und muthig erträgt, so ist dies doch bloß jene wunderbare Energie, die edle weibliche Naturen in den fürchterlichsten Lagen des Lebens zu entwickeln fähig sind.

Aber wenn alle Hoffnung schwände — ich glaub' sie ertrüg' es nicht. —

Auch Dich bedaure ich unendlich, denn ich kann mir lebhaft denken, was Du in der Zeit gelitten hast!

Wie ohnmächtig sind wir doch, wir armen menschlichen Wesen. Wir müssen alles hinnehmen, wie die unsichtbaren Mächte es diktiren — können nicht ändern — nicht helfen, und wollten wir auch unser eigenes Herzblut opfern! — Ich bin eben im Begriff, nach Basel zu reisen, und habe heute schon öfter daran gedacht, zu Euch zu kommen, denn hier habe ich jetzt doch keine Ruhe, habe auch meine gewöhnlichen Beschäftigungen, die mich mit der Außenwelt berühren, für einen Monat eingestellt.

Sollte in den nächsten Tagen etwas vorfallen, was ich wissen muß, o, so schreib' mir schnell. Grüße Brahms freundlich von mir. Lebe wohl und schreibe mir bald Gutes.

Dein treuer Freund
Theodor Kirchner.

Leipzig, 15./3. 1854.

Geliebter Freund!

Jeden Tag glaubte ich Nachricht von Dir zu erhalten und schrieb deßhalb nicht sofort an Dich, als ich das entsetzliche Unglück erfuhr, was unsern verehrten und geliebten Schumann betroffen hat. Daß Dich die traurigen Ereignisse in hohem Grade angegriffen haben, glaube ich gewiß. Du warst ja Schumann's täglicher Umgang, standest ihm nicht nur als Künstler, sondern auch als Freund so nahe! Was für ein Schlag war also für Dich das plötzliche traurige Erkranken Deines verehrten Meisters und Vorbildes! Mich hat die Nachricht hier mehrere Tage in dumpfe Trauer versenkt.

Nun bitte ich Dich vor Allem, mir baldmöglichst genau von der ganzen Katastrophe zu schreiben, besonders ob noch Hoffnung vorhanden, daß Schumann völlig geheilt werden könne, wie seine unglückliche Frau diesen herben Schicksalsschlag ertragen hat, und zumal wie Du selbst Dich befindest. Ich wiederhole nochmals meine Bitte um sofortige Nachricht.

Gott gebe, daß Du das Geschehene mit Kraft ertragen mögest, und daß ich Dich bald gesund hier eintreffen sehe! Verlasse Düsseldorf, wenn Du kannst, baldigst, um Deine Heimreise nach Sachsen anzutreten.

Dein treuer
Ernst Naumann.

Meine Antwort an Ernst Naumann lautete:

Düsseldorf, 19. März 1854.

Lieber Freund!

Daß ich Dir nicht sogleich nach dem entsetzlichen Ereigniß geschrieben, geschah nur, weil mir's in Folge der übergroßen Aufregung geradezu unmöglich war. — Zu meiner Beruhigung kam Brahms augenblicklich, nachdem er das Schreckliche gehört, hier an und weilt vielleicht noch ein paar Monate hier. Auch Grimm[*]) ist jetzt da, Joachim war auf zwei Tage hier und kommt auch in einigen Wochen wieder.

Du weißt, wie Schumann's Leiden begannen und allmählich die entsetzliche Höhe erreichten; daß es aber schon längst in ihm sich vorbereitet hatte, ist nicht zu bezweifeln. Seine unausgesetzte, dem Tiefsten zugewandte schöpferische Thätigkeit, sein fast gänzliches Sichlossagen von der Außenwelt, seine Hingebung an Geisterglauben, die ich schon im vorigen Herbst mit Sorge und banger Ahnnng

---

*) Julius Otto Grimm, Musikdirector in Münster i./W.

immer mehr angewachsen sah — Alles dies hat sich vereinigt, diesen großen herrlichen Geist zu stören, und vielleicht für immer zu trüben.

Nach dem ersten heftigen Verzweiflungsanfalle, zu dem ihn die Rachegeister getrieben, wurde es immer dunkler in ihm; noch einmal ging ich mit ihm spazieren, da ließ er mich sein entsetzliches Vorhaben in Etwas ahnen; — auch gegen seine Gattin deutete er es an; mit ängstlicher Vorsicht wurde er bewacht — und doch gelang es ihm, um Mittag des 27. Februar, eben als ich zu ihm in die Stube treten wollte, durch eine sonst immer verschlossene Thür zu entkommen und mit unbegreiflicher Schnelligkeit den Rhein zu erreichen.

Du weißt, wie er wieder zurückgebracht wurde, mir erlaß die Einzelheiten zu schildern. Dieser Tag war der schrecklichste meines Lebens. Seitdem habe ich Schumann nicht wieder gesehen; sein Zustand blieb nach wie vor; — am 4. dieses Monats ward er nach Endenich bei Bonn, eine vorzügliche Privatheilanstalt für Geisteskranke, gebracht. Immer einen Tag um den andern erhält Frau Schumann Nachrichten; die letzten sind recht beruhigend, denn es scheint bereits der Anfang einer Besserung angebahnt zu sein. — Gebe Gott, daß sie Bestand hat; ich wage noch kaum zu hoffen; die Aerzte haben, wenn auch noch nicht untrüglich Symptome der Unheilbarkeit, doch sehr schlimme Zeichen wahrgenommen.

Frau Schumann trägt ihr übergroßes Leiden mit einer Seelenstärke, die man aufs Höchste bewundern muß. Anfangs schien sie zwar zusammenbrechen zu wollen, besonders in den ersten Tagen ihrer Trennung von ihrem Gatten; sie wurde immer bleicher, immer stiller und matter, doch jetzt belebt sie die Hoffnung wieder; sie arbeitet wie gewöhnlich und findet Trost und Erholung in der Musik.

Gestern und vorgestern hat sie die ganze Faustmusik von Schumann mit uns durchgenommen. Wir sind täglich bei ihr, und ich kann jetzt an kein Fortreisen denken......

Brahms hat ein ganz wundervolles Trio geschrieben und ist ein Mensch, den man sich in jeder Beziehung zum Muster nehmen soll, bei seiner Tiefe, gesund, frisch und heiter, durchaus unberührt von modern krankhaftem Wesen. Grimm ist eine milde treue Seele........

.... Tragen sich wichtige Veränderungen in Schumann's Zustand zu, so erhältst Du sofort Nachricht.

Dein alter Freund
Albert Dietrich.

Mein Bleiben in Düsseldorf hatte nun keinen Zweck mehr. Ich wollte nach Sachsen erst zu meiner Familie ins Erzgebirge, da ich einer Erholung dringend bedürftig war; dann nach Leipzig, wo verschiedene von meinen Compositionen Verleger fanden und wo ich meine erste Symphonie, die Manuscript blieb, dirigirte. Frau Schumann sah ich noch, nachdem ihr siebentes Kind geboren war. Sie zog in eine andere Wohnung und wollte dann nach Berlin zu ihrer Mutter. Ehe sie Düsseldorf verließ, eilte Brahms dorthin, um Frau Schumann beim

Ordnen der Bibliothek ihres Mannes in der neuen Wohnung behülflich zu sein. Von dort erhielt ich folgenden Brief von Brahms nach Sachsen:

Düsseldorf 1854.

Lieber Albert!

Durch die lange Verzögerung meines Briefes erfährst Du viel Schönes um so eher:

Denke Dir, Schumann frug vor einigen Tagen abermals, ob er nicht nach Bonn gehen könnte, er habe dort Freunde, die er zu besuchen wünsche. Auf die Frage um deren Namen nannte er Wasilewski*).

Vorgestern ist Frau Schumann nach Berlin abgereist. Die herrliche Nachricht mußten wir gestern allein lesen. — Höre sie doch:

Am Montag früh lobte Schumann sein besseres Befinden, machte einen längeren Spaziergang und aß gut. Nach Tisch ging er abermals in den Garten und pflückte Blumen. Er ließ dann Frl. R. (eine Hausdame) bitten, zu ihm zu kommen. Er gab ihr die Blumen und auf ihre Frage, ob für sich, antwortete er, sie möge sie wegschicken nach Düsseldorf. Und an wen? frug die Dame. Freundlich lächelnd antwortete er:

„O, Sie wissen das schon."

Wir haben die Blumen gleich nach Berlin geschickt. Ich glaube, Frau Schumann hält dort jetzt nicht lange aus. . . . . Grimm ist noch hier und

---

*) Musikdirector in Bonn, früher viel im Schumann'schen Hause in Düsseldorf verkehrend.

läßt Dich grüßen. Halt, bei Grüßen fällt mir etwas Besonderes ein:

Ich habe vor Kurzem Fräulein W. kennen lernen; im Namen aller Düsseldorfer Mädchen läßt sie Dich recht sehr grüßen.

Es war große Versammlung bei Eulers, wo man Bedeutendes im Schwärmen leistet.

Nur von Dir war die Rede.

„O kehr' zurück!"

So habe ich Dir von Jedem Einiges erzählt. Von mir nur noch, daß ich mich wohl befinde, bei Schumann zu meiner großen Wonne die Bücher und Notenbibliothek geordnet habe und jetzt den ganzen Tag dort sitze und studire! Ich habe mich selten so wohl befunden, als jetzt in dieser Bibliothek wühlend.

Lebe recht wohl. Sollte ich Neues über Schumann erfahren, besonders Schlimmes, so schreibe ich es Dir.

Ich bin sehr, sehr begierig auf den nächsten Brief aus Bonn.

Dein Johannes.

Hier kann ich es mir nicht versagen, einige Briefe von Frau Clara Schumann beizufügen, die ganz hierher passen.

Berlin, 21. Juli 1854.

Lieber Herr Dietrich!

Wie lange schon hatte ich den Dank für Ihre lieben herzlichen Briefe auf dem Herzen, konnte Ihnen aber nicht schreiben, da ich bis vor wenig Tagen recht unwohl war und, noch halb Patientin, hierher gereist bin. Heute aber muß ich Ihnen mittheilen, daß mir der Himmel das Glück geschaffen, von meinem theuren Robert gestern ein erstes Liebeszeichen zu erhalten. Er hat ein Sträußchen gepflückt. Darauf ist das Fräulein R. (die Dame, die er dort so gerne hat) zu ihm getreten und hat ihn gefragt: Ob sie die Blumen wegschicken solle, worauf er sie ihr sogleich mit einem „Ja" gegeben. Darauf habe sie ihn gefragt, wohin sie sie schicken solle und an wen? Worauf er erwidert mit freundlichem Blicke: „Das wissen Sie schon!" — In welcher Erregung ich bin, kann ich Ihnen nicht sagen, aber nie wußte ich, wie schwer ein großes Glück zu tragen sei! — Ich muß alle Kraft zusammennehmen, mich nicht überwältigen zu lassen, von den Gefühlen, Hoffen, Zweifel, unendlicher Sehnsucht, die mein Herz bestürmen, oft ist es mir, als müßte mein Verstand wanken, es ist doch zu viel, alles, was ich bis jetzt erlebt, und was steht mir noch bevor! —

Ich kann Ihnen nur noch sagen, daß ich hier bei der Mutter bin, um noch 8 Tage zu bleiben. Den 3. vielleicht gehe ich über Leipzig zurück, wenn mein Inneres wieder etwas ruhiger wird.

Ich möchte so gern meine lieben Freunde alle sehen, worunter Sie ja auch, doch ich kann jetzt keinen Entschluß fassen. Doch erzählen Sie Preußer, Frege, Härtel von meinem Glücke, daß ich nun doch endlich ein Zeichen seiner Liebe wieder erhalten.

Ach, was ist doch die Liebe — welche Unendlichkeit birgt sie in sich! —

Doch genug! Sie sehen an meiner Handschrift, wie
schwer mir das Schreiben wird, doch ich wollt', Sie sollten
Sich auch an meinem Glücke freuen, da Sie in so treuer
Freundschaft mit mir gelitten.

Herzlich die Ihrige
Clara Schumann.

Joachim und Woldemar grüßen herzlich. Von Brahms
hatte ich gestern auch einen herzlichen Brief.

Aus einem Briefe Julius Otto Grimm's an mich.

Düsseldorf, August 1854.

— Es geht nicht schlimmer (Schumann) als sonst,
im Gegentheil, wir haben mehr Hoffnung wie je: Vor
10 Tagen war ich selbst in Bonn und habe ihn gesehen
und gehört, und er hat sich mit dem Dr. Peters durch=
aus verständig unterhalten. Daß er wenig spricht und
dies fast nur, wenn man ihn frägt, war ja von je seine
Weise, ist nicht anders zu erwarten; wir wollen nur froh
sein, daß die Aufregungen schon so lange (mehrere Wochen)
ganz ausgeblieben sind. In der letzten Woche hat er
einmal Gehörstäuschung, aber sehr schwach, gehabt.

Auch Brahms hat ihn gesehen. Dies Alles kam so:
Heut' vor 8 Tagen reiste Frau Schumann in's Bad nach
Ostende. Nun hielten wir Beide es nicht länger hier
aus, und setzten wir uns in Köln auf's Dampfschiff. —

In Mainz trennten wir uns. Kreisler (so pflegte
Johannes sich damals gern zu nennen) ging in den
Schwarzwald, ich in's Nassauische, um einige Petersburger

Freunde zu besuchen. Pech verfolgte mich überall; ich fand keine, machte rechts um und zurück.

Brahms erging es nicht viel besser. Ein mir unbegreifliches Heimweh nöthigte ihn in Ulm umzukehren, obgleich er in die Alpen gewollt hatte, und so überraschte er mich denn hier, wenige Tage nach meiner eignen Rückkunft. Auf der Rückreise waren wir Beide in Endenich (d. h. Jeder für sich) und erlangten von Dr. Peters die Erlaubniß, hinter einem offnen Fenster versteckt Schumann sehen und belauschen zu dürfen.

Ich kann Dir nicht beschreiben, wie mir zu Muthe war, den verehrten Mann so wieder zu sehen — ich konnte das Zittern nicht bemeistern, das mit Gewalt auf mich einstürmte.

Brahms ist's ebenso ergangen — Schumann sah übrigens sehr wohl aus; er hat nur etwas zugenommen, sonst ist an ihm äußerlich keine Veränderung; in seinem Auge bemerkt man nichts Irres, sein Wesen ist durchaus das alte, so sanft und mild. —

Frau Schumann schreibt zufrieden über das Bad — sie hat sich sogar von Klemm's einen Flügel schicken lassen und wird übermorgen eine Soirée geben. Fräulein Leser ist auch dort. Wir haben aber heftige Sehnsucht und wünschen die Kurzeit beendet. In 14 Tagen hoffen wir wieder Alle beisammen zu sein. . . . . .

Frau Schumann selbst sehnte sich sehr zurück, kam auch bald wieder nach Düsseldorf zu den dort weilenden Freunden, um nachher im October ihre Concertreisen zu beginnen, welche Thätigkeit sie mit bewunderungswürdiger Seelenstärke durchführte.

Aus Ostende schrieb sie mir nach Leipzig folgenden lieben Brief:

Ostende, den 28. August 1854.

Lieber Herr Dietrich!

Den heutigen Tag kann ich nicht vorübergehen lassen, ohne Ihnen einen herzlichen Gruß aus der Ferne zu senden. Möge der Himmel Ihnen alles Gute angedeihen lassen und vor Allem Ihnen Gesundheit und schöne Thatkraft schenken, dann wird auch der nächste Winter, hoffe ich, ein ersprießlicher für Sie werden.

Daß ich in Ostende bin, die Seebäder zu gebrauchen, wissen Sie vielleicht schon. Ich bleibe noch bis zum 7. September hier und gehe dann nach Düsseldorf zurück, wohin ich mich sehr sehne! Nur aus Pflicht halte ich hier aus; ich soll nun einmal durchaus etwas für mich thun, und so entschloß ich mich. Der Erfolg kann erst entscheiden, ob mir die Bäder wohlgethan; bis jetzt verspüre ich noch nichts von besonders guter Wirkung. Meinem geliebten Manne geht es im Ganzen immer besser; wie langsam aber schreitet die Besserung voran!

Mit welchem Herzen voll Hoffnung reiste ich damals von Berlin zurück und heute, ein Monat danach, wie wenig anders ist es noch! Gott weiß, wann ich ihn wiedersehe! Grimm und Brahms haben ihn Beide gesehen, d. h. belauscht und ihn sehr wohl aussehend gefunden und ganz das milde Lächeln auf seinem Antlitz. Er ist auch mehrmals in Bonn gewesen, hat aber immer noch nach Niemand verlangt.

Blumen erhielt ich noch einmal kurz nach den ersten — er hatte sie eigens für mich gepflückt — Rosen und Nelken waren es! —

Ich soll nur wenig schreiben, und so muß ich Ihnen Adieu sagen, so gerne ich auch so Manches noch schriebe. Im October hoffe ich Sie und meine lieben anderen Freunde in Leipzig zu sehen. Frl. Leser, die mit mir hier ist, grüßt Sie freundlichst und auch sie wünscht Ihnen alles Gute! So seien Sie denn herzlich gegrüßt und erhalten Sie auch in diesem neuen Jahre Ihre Freundschaft und Theilnahme, Ihm, dem theuren Manne, und mir,

Ihrer Clara Schumann.

Durch einen Brief von Fräulein Leser erfuhr ich in Leipzig ein halbes Jahr später noch Einiges über Frau Schumann und ihren Gatten; es klang wieder etwas hoffnungsvoller. Sie schrieb u. A. (Anfang 1855):

Frau Schumann mußte für dieses Jahr die Reise nach England aufgeben nach den großen Anstrengungen des Winters. Von ihrem theuren Manne hat sie Gott sei Dank immer bessere Nachrichten, er schreibt ihr herrliche Briefe, durchaus klar und verständlich und immer inniger, was wohl das beste Zeichen seiner fortschreitenden Genesung ist. Sie können leicht denken, wie glücklich die theure verehrte Frau hierüber ist; doch ihre Sehnsucht, den Heißgeliebten wiederzusehen, wird immer größer, je näher sie dem Ziel zu sein glaubt; ich fürchte nur, daß dieses Verlangen noch nicht so bald gestillt wird. Die Aerzte sind sehr vorsichtig und werden diese Zusammenkunft nur dann erlauben, wenn keine nachtheiligen Folgen für ihn mehr zu befürchten sind.

Herr Brahms hat den theuren Kranken besucht. Er war 4 Stunden bei ihm, hat ihm vorgespielt und mit ihm vierhändig die Caesar-Ouverture. Als Brahms fortwollte, mochte er sich gar nicht von ihm trennen; er begleitete ihn nach Bonn, zeigte ihm die Münsterkirche und Beethoven's Monument und verließ ihn erst, als Brahms zurück mußte, um den Bahnzug nicht zu verfehlen.

Brahms konnte nicht aufhören zu erzählen, wie lieb und freundlich er sich nach Allen erkundigt hat, wie er aber ganz besonders immer wieder von seiner theuren Clara sprach!

Frau Schumann läßt Sie herzlich grüßen und sie würde Ihnen nächstens selbst schreiben.

Ich habe Ihnen, geehrter Herr Dietrich, Alles so ausführlich geschrieben, weil ich weiß, welch' inniges Interesse Sie nehmen und wie herzlich Sie Sich mit uns Allen freuen.

In alter freundschaftlicher Gesinnung

Ihre R. Leser.

Inzwischen erhielt ich die Stelle als Musikdirector in Bonn 1855. Brahms wurde nach Detmold an den Hof berufen, um einigen Mitgliedern der fürstlichen Familie Unterricht zu geben und als Dirigent einen kleinen Sängerchor zu leiten. Grimm kam nach Göttingen und wurde dort bald Musikdirector. Frau Schumann mußte auch fernerhin große Concertreisen unternehmen.

Schumann's Zustand wurde nach der scheinbaren Besserung leider immer hoffnungsloser.

Aus London schrieb mir Frau Schumann am 15. April 1856 Folgendes:

Lieber Herr Dietrich!

Sie erhalten hierbei einen großen Brief von Gisela von Arnim. Wollen Sie die Güte haben, ihn an Johannes bei seiner Rückkehr zu übergeben. Noch muß ich Ihnen und Prof. Jahn recht innig danken für die Theilnahme, die Sie Johannes bei seinem Unternehmen zeigen; es ist mir recht ein Trost, daß er nicht allein steht, es wäre zu schwer für ihn.

Von mir kann ich Ihnen wenig Gutes sagen. Meine Seele schweift immer in Deutschland. Ich habe schreckliche Tage jetzt. Mit blutendem Herzen habe ich gestern im philharmonischen Concert gespielt. Am Morgen hatte ich von Johannes Brief, wo ich aus allem das Trostlose in Betreff meines geliebten Mannes herausempfinden konnte, wenngleich er sich mit aller Liebe bemühte, mir so mild als möglich alles darzustellen. Wo mir die Kräfte hergekommen, zu spielen, weiß ich nicht; zu Hause konnte ich nicht das Kleinste, und am Abend ging es doch.

Gedenken Sie zuweilen freundlich

Ihrer Clara Schumann.

Ich glaube doch, daß beiliegender Brief sehr einer Ueberlegung werth ist. Johannes wird ihn Ihnen und

Herrn Prof. Jahn gewiß mittheilen. Ich habe soeben Einiges über Kaltwasserkur für Gehirnkranke gehört, was mich sehr besorgt macht, dieselbe für meinen Mann zu gebrauchen. Bitte sagen Sie Johannes, ich würde morgen darüber schreiben.

Am 29. Juli 1856 erlöste der Tod den theuren Meister! ihn, der im Leben so einzig dastand, in der Größe seiner schöpferischen Kraft, mit dem lauteren Character, dem tiefen Gemüth, dem zarten Empfinden, den herrlichen Mann, bei dem man nicht wußte, ob man mehr den Künstler oder mehr den Menschen in ihm verehren sollte! —

Brahms und Joachim eilten herbei, und so begleiteten wir drei Freunde, gleich hinter dem Sarge schreitend, den heißgeliebten und verehrten Meister zur letzten Ruhestätte. —

Später bat mich einmal Frau Schumann, einen Lorbeerkranz auf das Grab ihres Gatten zu legen und schrieb dazu Folgendes:

„Wollen Sie die Güte haben, beifolgenden Lorbeerkranz am 29. auf Robert's Grab zu legen. Schon zwei Jahre, daß er ruht! Man sagt immer, die Zeit heile Wunden; ich finde das nicht wahr, denn ich fühle den Verlust täglich schmerzlicher und weiß von einer Lebensfreude nichts mehr." —

Auch kam sie wiederholt mit ihren Töchtern nach Bonn, um das Grab ihres Gatten zu besuchen; ich war dann stets ihr Begleiter.

In Bonn hatte ich als Leiter der Abonnements=
concerte eine arbeitsvolle und anregende Zeit. Die Gesellig=
keit war vielseitig und hochinteressant. An Prof. Otto
Jahn, dem vorzüglichen Biographen Mozart's, fand ich
einen lieben väterlichen Freund, mit dem ich täglich ver=
kehrte, und dessen fördernder Umgang mich über viele
künstlerische Fragen aufklärte.

Ich gründete mir da auch bald eine eigene Häus=
lichkeit, indem ich 1859 Clara Sohn, Tochter des
Malers Prof. Carl Sohn aus Düsseldorf, als meine
Gattin heimführte.

Das erste Frühjahr, welches wir in Bonn verlebten,
wurde uns verherrlicht durch die Gegenwart unsrer lieben
Freunde Brahms, Joachim, Heinrich v. S..., Stockhausen
und für einige Tage auch Clara Schumann. Die Erst=
genannten wollten einige Monate in Bonn bleiben.

Der Frühling war mit wunderbarer Pracht und Herr=
lichkeit eingezogen. Solch' ein rheinischer Frühling hat
etwas Bezauberndes. Die rosa blühenden Wälder der
Obstbäume ringsumher, die üppigen Weißdornhecken am
Ufer des Rheins entlang, das Schlagen der Nachtigallen
in den hellen, warmen Sommernächten; dazu in der Ferne
die schönen Linien des Siebengebirges in prächtiger Be=
leuchtung — wie mächtig lockten sie uns an zu den
mannigfachsten Ausflügen! Das war ein heiteres und
sonniges Leben! Und dazu so reich an Kunstgenüssen!

Denn Brahms hatte nach 6 Jahre langem Schweigen
eine Fülle neuer herrlicher Compositionen mitgebracht, die
wir nun alle kennen lernten. Es waren die D-dur- und

die A-dur-Serenade, das Ave Maria für Frauenchor, der Begräbnißgesang für gemischten Chor, Lieder und Romanzen und das Klavierconcert in D-moll.

Die Jahre der Zurückgezogenheit, theils in Detmold, meist in Hamburg, hatte er zu ernstesten Studien benutzt, unter Anderem eine Messe für Chor in kanonischer Form geschrieben, die aber nicht gedruckt wurde.

In einer der schönsten Villen an der Koblenzer Straße an der Rheinseite uns gegenüber, bei der kunstsinnigen und gastfreien Familie Kyllmann durften wir uns oft versammeln, immer in Gesellschaft des Prof. Jahn, um Kammermusikaufführungen zu veranstalten und uns an dem herrlichen Gesange Stockhausen's zu begeistern.

Wie schlugen die Herzen höher bei diesen Genüssen!

Auch in unsre junge Häuslichkeit kamen die Künstler oft und gern; und zum Schlusse feierten unsre Freunde mit uns die Taufe unseres ersten Kindes. Brahms, Joachim und Heinrich von S… waren die Pathen.

Schon wenige Tage später löste sich aber dann zu unserm größten Leidwesen dieser schöne Künstlerkreis auf, und unsre Freunde kehrten in ihren Wirkungskreis zurück.

In Düsseldorf, wo ich mit meiner kleinen Familie das Weihnachtsfest feierte, traf mich dann der erste Brief von Brahms. Er lautete:

Hamburg, Weihnachten 1860.

Lieber Freund!

Ich glaube zwar, Du wirst morgen in Düsseldorf sein, und meine arme Serenade gar nicht auf einen

hübschen Weihnachtstisch zu liegen kommen, wie sie sich
wünscht. Indeß sie mag's riskiren, und der gute Wille
ihr auch hernach ein freundliches Gesicht verschaffen. Die
Bonner Serenade wirst Du wohl schon haben. Ich leider
(vom Verleger) noch nicht, und kann sie daher nirgend
hinlegen.

Ich höre, daß Du entschieden Bonn verlassen willst,
und bald. Kann ich nicht gelegentlich hören, wohin die
Reise geht? Schreibe doch einmal.

Grüße Deine Frau herzlich und den kleinen Max
Hermann Carl!

Dein Johannes.

Im Frühjahr 1861 erhielt ich den Ruf als Capell=
meister an die Großherzogliche Hofcapelle in Oldenburg.
So schwer uns der Abschied wurde von dem schönen
Rheinland, der lieben Familie in Düsseldorf und den
vielen Freunden, so freudig fingen wir in der neuen
Heimath an, wo uns so viel Herzlichkeit entgegengebracht
wurde.

Besonders fühlte ich mich als Musiker in den schön
geordneten Verhältnissen einer guten, tüchtigen Capelle
und unter einem so wohlwollenden und kunstgebildeten
Intendanten sehr zufrieden.

Schon wenig Wochen nach unsrer Uebersiedelung
langte ein Brief von Brahms an, er schrieb:

Hamburg, Juni 1861.

Damit mein Dank für den Brief, mit dem Du mich
neulich herzlich erfreut hast, nicht noch länger ausbleibt,

will ich lieber jetzt, wenn auch in Eile, ein paar Zeilen antworten.

Wie ich mich freute, daß es Dir so behaglich in Oldenburg ist, kannst Du Dir denken, ich wünsche denn recht sehr, es möge lange so bleiben. Vor Allem das Beste in Deinem Brief beantwortend, daß Du mich, so viel ich so etwas vorher weiß, im Juli und überhaupt immer hier triffst. Schreibe jedoch jedenfalls vorher eine Zeile; ein so ungebundner Mensch, wie ich, kann einmal leicht über Nacht davon gehn. Es wäre prächtig, wenn Du kämest, und ich denke; es sollte Dir ein paar Tage in Hamburg gefallen.

Daß Du ein so warmes Herz für meine Musik hast ist mir sehr werth. So werther, da ich selbst mir immer nicht denken kann, daß ich so guten Musikern wie Dir, genug geben kann.

Laß mich ja Deine neuen Lieder bekommen, überhaupt, wenn Du magst, Deine neuen Sachen sehn. Ich hätte Dich auch gerne um Dein Trio gebeten, das ich leider nicht habe, vielleicht hast Du ein Exemplar übrig.

Ich weiß nicht, ob ich Dir mein Concert geschickt habe? Sonst steht es zu Diensten. Laß uns hübsch Nachbarn bleiben, bisweilen schreiben, und am freundlichsten ist ein nachbarlicher Besuch, recht bald.

Grüße Deine liebe Frau und den kleinen Max Hermann Carl!

In herzlicher Freundschaft

Dein Johannes Brahms.

Dann, als uns ein zweites Kind geboren war, kam folgender Glückwunsch:

15. Juli 1861.

Liebster Albert!

Meinen herzlichsten Glückwunsch! Ich hoffe es geht Alles gut, und das Mägdelein wächst und gedeiht. Sie wird wohl so etwa Thusnelda Maria Theresia*) heißen? Auch Dank für die Lieder. Ich fand liebe Bekannte vom vorigen Jahr darunter und freute mich der einfachen, ausdrucksvollen Klänge.

Ich wohne jetzt ganz überaus reizend auf dem Lande (eine halbe Stunde vor der Stadt). Du sollst Dich wundern, wie schön man hier wohnen kann.

Vielleicht kann ich Dich hierher mit hinausnehmen, und jedenfalls ist mein Zimmer in Hamburg bei den Eltern ganz zu Deiner Verfügung. Kurz, ich hoffe, es wird Dir hier gemüthlich werden können.

Herr Avé Lallement, dessen Haus Du gern besuchen würdest, möchte sehr gern etwas früh Dein Kommen wissen, da er eine Reise danach einrichten wollte. Ich möchte es auch, damit ich anfangen kann, mich zu freuen. Grüße Deine Frau bestens und schreib und komme bald.

Herzlich

Dein Johannes.

Wie trüb und schwer es uns inzwischen in der neuen Heimath ergangen war, darüber gibt folgende Stelle aus

---

*) Leider hatten wir versäumt, unserm Knaben den Namen Johannes zu geben, daher die Neckerei.

einem Brief von Professor Jahn, unserm theilnehmenden Freunde, Auskunft:

Bonn, 25. August 1861.

„— — Ich hoffe vor Allem, lieber Dietrich, daß Sie mein Glückwunsch der schweren Sorge um Ihre Frau ledig findet, von der ich mit großer Theilnahme gehört habe. So oft muß man in neuen Lebensverhältnissen auch mit anderweitiger Sorge und Bedrängniß hart kämpfen, als sollte man so auf alle Weise in dem neuen Boden festwurzeln und sich die Stellung selbst erringen und befestigen!

Ich wünsche von ganzem Herzen, daß Ihnen nicht zu schwere Opfer auferlegt werden mögen, und Sie der Vortheile Ihrer gegenwärtigen Heimath auch recht froh sein können. Denn was Sie mir über Ihre Wirksamkeit und Thätigkeit, sowie über Ihre ganze Existenz mittheilen, und was ich sonst erfahren, lautet ja im Wesentlichen so durchaus erfreulich, daß man nur wünschen kann, daß Sie dort recht heimisch und behaglich werden möchten. Auch von größeren musikalischen Arbeiten, die Sie beschäftigen, sind mir Andeutungen gemacht worden; ich wünsche dazu beste Stimmung und Gelingen, dann wird es sich mit dem Erfolg auch finden. — —"

Dieser Wunsch, daß ich in Oldenburg bald feste Wurzeln schlagen möchte, ging schnell in Erfüllung. Hierzu trug nicht wenig das außerordentlich freundliche Entgegenkommen bei, das meine Familie und ich in den dortigen Kreisen fand. Folgender Brief von Brahms, den ich im September desselben Jahres erhielt, traf unser Haus wieder im besten Wohlsein an:

Hamburg, September 1861.

Lieber Freund!

Dieser Tage erst bekam ich endlich Deine B.-Cello-Sonate von Cranz*) und habe sie fleißig und mit vielem Vergnügen durchgespielt. Da kein Motto wegzustreichen war, so habe ich auch keins hinzugeschrieben. Willst Du es noch haben, so kannst Du mir schreiben. Berechtigt ist es so gut wie irgend eins. Ich kann mich dazu immer schwer entschließen und wünsche manchmal, die Leute möchten nur alle von selbst darauf rathen.

Deine Frau ist jetzt hoffentlich recht sehr wohl wieder? Grüße herzlich. Ich hoffe gelegentlich von Dir zu hören und werde dann Gleiches mit Gleichem vergelten.

Herzlich
Dein Johannes.

Nun machte ich die projectirte kleine Tour nach Hamburg, um Brahms zu besuchen, und wohnte bei dessen Eltern in der Stadt, Fuhlentwiete, einer engen alten Straße. Brahms selbst wohnte, um ruhiger arbeiten zu können, äußerst freundlich in dem Vorort Hamm bei einer Frau Dr. Rösing. Ihr widmete er eins seiner schönsten Werke, sein A-dur-Clavierquartett. Er spielte mir gegen seine Gewohnheit aus den Skizzen vor, und ich gewann

---

*) Verleger in Hamburg.

dabei schon die Ueberzeugung, daß es ein hervorragend herrliches Werk werden würde.

In seinem mir sehr interessanten Zimmer schlief ich. Ueberrascht war ich von seiner reichen Bibliothek, die er sich mit rastlosem Eifer von früher Jugend an gesammelt hatte. Zum Theil hatte er sie auf den Brücken Hamburg's erstanden, wo sich solche Bücherhändler aufhalten. Es befanden sich darunter merkwürdig alte Sachen, unter Anderem: Der vollkommne Capellmeister von Mattheson. Mit seiner lieben guten Mutter, die mit ihrer schlichten Einfachheit reiche Herzensbildung vereinigte, saß ich Morgens beim Frühstück oft behaglich zusammen; ihr Johannes bildete dann immer die unerschöpfliche Quelle unseres angeregten Gesprächs. Dabei erzählte sie mir unter Anderm, daß er als Knabe leidenschaftlich mit Bleisoldaten gespielt und gar nicht damit hätte aufhören können, noch immer habe er dieselben, jetzt mit 28 Jahren, in seinem Schreibtisch verschlossen. Als er selbst mir seine Bibliothek erklärte und auch seinen Schreibtisch öffnete, zeigte er mir die verschiedenen Schachteln Soldaten, von denen er als einer lieben Kindheitserinnerung sich nicht trennen könne. Der Vater verließ meist schon früh das Haus, um seinem Berufe als Contrabassist und als Musiklehrer nachzugehen. Ich blieb nur kurze Zeit bei den lieben Menschen und besuchte Tags über Brahms in seiner reizenden Gartenwohnung, wo wir uns mit dem Durchsehen seiner neuesten Arbeiten auf das Eingehendste beschäftigten — eine Thätigkeit, die mir hohen Genuß gewährte.

Eine große musikalische Freude bereitete uns in diesen Tagen ein anmuthiges Damenquartett, das uns im Nachbargarten vierstimmige Lieder von Brahms ganz prächtig vorsang. Brahms hatte mich dort eingeführt; die Sängerinnen waren die jüngeren Schwestern von Frau Dr. Röfing: zwei Fräulein Völkers (jetzt Frau Professor Voie in Altona und Frau von Königslöw in Bonn) nebst zwei Freundinnen, Fräulein Garbe und Fräulein Reuter. Dieses Quartett hatte Brahms gelegentlich einer Trauung in der Kirche — er selbst spielte die Orgel — gehört, und da ihn der Gesang sympathisch berührte, hatte er den jungen Mädchen den Wunsch ausgesprochen, sie möchten sein eben componirtes Ave Maria einüben und singen, und hocherfreut waren sie darauf eingegangen.

Dieses Quartett wurde der Anfang zu einem kleinen Chorverein, an dem noch einige Damen theilnahmen. Brahms versprach ihnen, immer für Neues zum Einstubiren zu sorgen, wenn sie regelmäßig und pünktlich erscheinen wollten, denn: „fix oder nix" sei sein Wahlspruch. Auch sangen sie alte italienische Kirchenlieder, von Brahms für Frauenchor eingerichtet. Im Herbst wurden die Uebungen mit einer kleinen Aufführung in der Petrikirche geschlossen. Im nächsten Jahre hat er den Verein wieder einige Monate zu gegenseitiger großer Freude geleitet, bis er Hamburg verließ.

Schon ein Jahr früher hatte ich Gelegenheit gehabt, die vier jungen Mädchen in Düsseldorf zu hören. Sie machten mit ihrem Bruder 1860 eine Rheinreise und besuchten das große niederrheinische Musikfest in Düssel-

dorf. Von Frau Schumann wurden sie aufgefordert, bei Fräulein Leser an einem Morgen vor größerem Künstler=
kreis — auch Joachim und Stockhausen waren da — Brahms'sche vierstimmige Lieder zu singen, er hatte sie darum gebeten. Sie waren gern dazu bereit, und ihr Gesang gefiel uns Allen außerordentlich. Es ist das photographirte Mädchenquartett, um welches Brahms in einem Briefe aus Wien an seine Eltern bittet, es ihm zu schicken (Johannes Brahms von Reimann).

Nach diesen schönen Tagen kehrte ich heim zur Taufe unseres jüngsten Kindes, welches den Namen Clara nach der von uns so sehr geliebten und verehrten Clara Schumann erhielt.

Ich freute mich, nun mein erstes Winterconcert vor=
zubereiten. In demselben trat zum ersten Mal Frau Schumann vor das Oldenburger Publikum, deren Spiel die höchste Begeisterung erregte; und wie bezaubernd wirkte ihre edle, anziehende Persönlichkeit. Wie glücklich waren Alle, die in geselliger Beziehung mit ihr in Be=
rührung kamen.

So verherrlichten auch Joachim und Stockmann und zuletzt Brahms die demnächstigen Concerte. So sahen wir auf diese Weise auch in der neuen Heimath alle unsre theuren Freunde wieder.

Noch einer reizenden jugendlichen Erscheinung, die in diesen, unsern ersten Jahren in Oldenburg auftrat, der späteren Frau Joachim, gedenke ich hier als Fräulein Amalie Weiß, uns aus Hannover aufs Wärmste empfohlen, der schon damals wegen ihrer wunderbaren

Stimme und des tief innerlichen Vortrags edelster Musik alle Herzen zuflogen, und die durch ihr echt weibliches und anmuthiges Wesen bei uns im Hause, sowie bei Allen die tiefste Sympathie erweckte.

Wie gespannt war die musikalische Welt auf den jungen Meister Johannes Brahms, der nun als Componist und Clavierspieler erwartet wurde.

Auf meine Einladung zu seinem erstmaligen Auftreten in Oldenburg antwortete mir Brahms:

Hannover 1862.

Lieber Freund!

Ich bin seit längerer Zeit hier und empfing Deinen Brief erst über Hamburg. Morgen gehe ich zurück und in aller Eile will ich noch ein paar Worte schreiben.

Es zieht mich sehr, Dich zu besuchen, und Manche, deren Namen ich schon länger und so freundlich hörte, kennen zu lernen, sonst würde ich nein sagen. Ich komme und will sehen, wie lange ich dann schon wieder bummeln darf.

Was soll ich spielen? Beethoven oder Mozart? C-moll, A-dur oder G-dur? Rathe!

Und zum zweiten Schumann, Bach, oder darf ich neue Variationen von mir noch zumuthen?

Meine Serenade dirigirst Du natürlich. Meine Quartette haben wir hier viel gespielt; ich bringe sie mit und wollte mich freuen, wenn sie Dir und Andern wohlklingen.

A propos! Honorar muß ich doch wohl 15 L'dors haben, möchte aber vorgesehen haben, daß, wenn ich etwa bei Hof spielen sollte, dies besonders honorirt werde.

Das Geld ist mir recht nöthig, pro sec. ist mir meine Zeit kostbar, und lasse ich mich ungern zu Concerten verlocken; wenn aber, so muß **das** auch sein.
Schreibe mir nach Hamburg, Hamm.
Bald mehr und verzeih' die Eile.
Grüße die Frau   Herzlich
D. M. u. C.   Dein Johannes.

Etwas später kam folgender Brief:

Lieber Freund!

Wenn es mir möglich ist, werde ich am Montag Abend von hier mit der Droschke über Bremen zu Dir fahren. Ist das überhaupt die praktische Fahrt? Wie ist es mit der Weiterfahrt nach Oldenburg? Steigt man einfach in einen andern Wagen?

Ich werde also das G-dur-Concert von Beethoven spielen. Hast Du Stimmen? Mit der zweiten Nummer hat's ja Zeit, mein Gedächtniß erlaubt mir viel, und die Finger kommen schon nach. Meine zweite Serenade ist neulich in New-York gemacht. So viel ich weiß, überhaupt eine erste Aufführung, seit die Sachen gedruckt sind!

Hier in Hamm ist es sehr schön, und wenn ich nicht zum Fenster hinaus sehe auf die kahlen Bäume, so glaube ich, Sommer zu haben, so lustig spielt die Sonne im Zimmer herum.

Schreibe doch eine Zeile der Reise wegen.
Grüße Deine Frau und die Kleinen.
      Herzlich   Dein Johannes.

Bald nach diesem Brief traf Brahms bei uns ein. Er war der angenehmste Gast, immer liebenswürdig, immer guter Laune, anspruchslos; mit den Kindern selbst wie ein Kind, voll Liebe sich ihnen ganz hingebend. In der Genügsamkeit fand auch er das höchste Behagen. Unser bescheidnes Loos fand er beneidenswerth. Wie oft sprach er die Freude an solch einem Glücke aus, und hätten es seine Verhältnisse damals erlaubt, sich einen eigenen Heerd zu gründen, es wäre vielleicht der rechte Augenblick gewesen. Denn auch ein junges Mädchen erregte sein Wohlgefallen, das damals vorübergehend bei uns verkehrte. Eines Abends, als sie und unsere andern Gäste uns verlassen hatten — wir waren in heiterster Stimmung gewesen —, erwähnte er mit ruhiger Bestimmtheit: „Die gefällt mir, die möchte ich heirathen, so ein Mädchen würde mich auch glücklich machen." Sie war ein vortreffliches Mädchen, blühend, gesund, natürlich, gescheut und von großer geistiger Lebendigkeit.

Brahms hatte am Abend vor dem Concert der versammelten Hofcapelle die Freude gemacht, seine Variationen über ein Thema von Händel vorzuspielen. Diese Variationen sind durchweg genial und wunderbar schön; sie schließen mit einer Fuge, die einen begeistert, und das will was sagen! —

Der Vortrag dieses herrlichen Werkes flößte den Musikern gleich höchste Bewunderung ein, und so war im Concerte die Aufführung des G-dur-Concertes von Beethoven durch die begeisterte Stimmung geradezu vollendet schön, und das Publikum war entzückt. Brahms sehr befriedigt! Einen Lorbeerkranz aber, den man ihm über seinen Stuhl gehängt, legte er bescheiden unter den Flügel!

Er schrieb in seinem nächsten Briefe von Hamburg (1861) aus:

Lieber Albert!

Von Oldenburg zurückgekommen, wollte ich Euch immer in einem langen Briefe beschreiben, wie wohl mir bei Euch gewesen, und wie ich Euch dankbar bin für alle Freundlichkeit!

Nun danke ich ebenso warm, aber freilich etwas spät; nun, Ihr seid wohl nicht böse darum?

Stockhausen wollte Anfang Mai hierher kommen. Ich habe ihm auf seinen Wunsch einige Schubert'sche Lieder z. B. Schwager Kronos, Memnon u. s. w. instrumentirt. Da wär's am Ende möglich, wir bäten Dich um eine Probe, da das hier viel Umstände und Kosten macht.

Sonst sehe ich Euch wohl eher hier, denn ich hoffe sehr, Ihr habt den Plan nicht vergessen, hierher zu kommen. Könnte das nicht bald sein? Es blüht jetzt herrlich, und bei mir in Hamm schlagen die Nachtigallen und blühen die Bäume, daß es eine Lust ist.

Ich schicke einige Novitäten; leider habe ich keine Partitur vom Sextett finden können. Nächstens kommen die Händel-Variationen (sie sind bei Breitkopf & Härtel erschienen) und Marienlieder für gemischten Chor (bei Rieter).

Ich denke oft an Euch. Eure gemüthlichen Zimmer und an ganz Oldenburg. Seib herzlichst gegrüßt und grüßt Alle von mir, die mir so freundlich waren.

Laß einmal von Dir hören, und ich schreibe auch bald wieder und mehr.

In alter Freundschaft
Dein Johannes.

Brahms' Erscheinen in Oldenburg wirkte dort noch lange Zeit auf's Lebendigste nach. Er kam in unserm Hause und in kleinen und größeren Kreisen außer dem Hause mit vielen Menschen in Berührung, die alle seine ernste Natur und seine kurzen, oft humoristischen Bemerkungen liebten.

Im kommenden Sommer 1862 traf ich Brahms beim Musikfest in Düsseldorf Anfang Juni.

Wir verabredeten einen Ausflug mit Fußwanderungen, und da wir Frau Schumann mit ihren Kindern in dem schön gelegenen Münster am Stein bei Kreuznach wußten, so mietheten wir uns $1/4$ Stunde von dort entfernt, am Fuße der romantischen Ebernburg, zusammen in einer hübschen geräumigen Wohnung ein. Brahms und ich arbeiteten fleißig. Frau Schumann übte, und Nachmittags, wenn wir nicht Alle zusammen eine Tour in die Umgebung machten, musicirten wir nach Herzenslust.

Brahms componirte hier die ersten zwei Hefte seiner wunderherrlichen Magelonenlieder. Sie waren die schönsten von allen, die er gemacht.

In Münster am Stein zeigte Brahms mir auch den ersten Satz seiner C-moll-Sinfonie, welche freilich erst viel später, und zwar sehr umgearbeitet erschien.

Von dieser Reise schrieb ich damals an meine Frau über Brahms:

Abends wurde bei Frau Schumann stundenlang auf das Schönste musicirt. Sie spielte uns eine große Sonate von Schumann vor, dann spielte sie mit mir das Sextett von Brahms, und zuletzt spielte Brahms die allerherrlichsten Dinge aus seinen großen Quartetten und Anderes. Je länger ich mit Brahms zusammen bin, um so höher steigt meine Liebe und Verehrung für ihn. Sein Wesen ist ganz gleichmäßig liebenswürdig, heiter und innig. Die Damen neckt er freilich häufig durch ganz ernsthaft vorgebrachte scherzhafte Behauptungen, die Frau Schumann besonders oft genug als ernsthaft gemeint auffaßt, was allemal zu komischen, mitunter auch in's Empfindliche streifenden Erörterungen Veranlassung giebt, wobei ich gewöhnlich den Dolmetscher mache, denn Brahms liebt es, angehende Mißverständnisse nur noch immer mehr zu verwirren, um dann zum Schluß die Damen tüchtig auslachen zu können. Dieser für mein Gefühl reizend humoristische Zug ist es, glaube ich, daß er oft mißverstanden wird. Er mag Damen, die sich in schwärmerisch-sentimentaler Stimmung befinden (z. B. wenn Frau Schumann eben so herrlich musicirt hat), oft sehr unbequem sein; es hindert aber Brahms nicht, sehr ernsthaft und ruhig zu sein, sobald es darauf ankommt."

Als dann Frau Schumann nach 14 Tagen auf die Reise ging, suchten wir unsern Freund H e i n r i c h v o n S a h r auf, den wir in der Nähe wußten. Mit ihm wanderten wir noch etwa acht Tage weiter, Brahms war unser Reisemarschall. Zuerst ging es nach Speyer, dann mit der Bahn weiter nach Karlsruhe. Dort besuchten wir noch einige bekannte Düsseldorfer Maler: Lessing, Schirmer, Schrötter, die dorthin übergesiedelt waren. Endlich trennten wir uns.

Gegen Ende des Jahres 1862 schrieb mir Brahms:

Basel 1862.
Lieber Freund!

Ich bin jetzt wirklich unterwegs und muß allem An= schein nach wirklich einigen Publikümmern Einiges vor= spielen.

In Karlsruhe that ich's mit meinem Concert, und die Leute hatten die überraschende Freundlichkeit, ganz zufrieden zu sein, mich zu rufen, zu loben und was sonst ist.

Jetzt bin ich und schreibe Dir in Basel bei Riggen= bach, wo noch gestern Abend Deiner gedacht wurde. Zürich, Mannheim, Köln werde ich auf meiner großen Reise sehn und zu Weihnacht oder Neujahr Dich in Oldenburg.

Denke auch nach, was wir etwa zusammen musiciren? Könnten wir nicht im Capell=Concert mein Concert D-moll riskiren? In Karlsruhe hat es uns doch einigen Spaß gemacht und dem Publikum, wie's schien, gar keinen Verdruß.

Für einen Quartett=Abend kann ich mit gutem Ge=
wissen mein Horn=Trio empfehlen, und Dein Hornist thäte
mir einen ganz besonderen Gefallen, wenn er, wie der
Karlsruher, einige Wochen das Waldhorn exercirte,
um es darauf blasen zu können!
Neue Magelonen= und andere neue Lieder bringe ich
auch mit.
Ich werde in Olbenburg die schönste Muße für Freund=
schaft und freundschaftliches Musiciren haben.
Grüße die Deinen und sieh, daß in Olbenburg die
Aussichten für mich so günstig bleiben.
Recht herzlich
Dein Johannes Br.

Was der Freund hier geplant hatte, brachte er denn
auch zur Ausführung. Er schrieb mir:

Hamburg 1862.
Lieber Albert!
Heute kommt mir Dein Brief, und eilig sollen einige
Zeilen antworten.
Ich bin vom 20.—28. Dec. ungefähr in Detmold
und komme also zu Neujahr etwa zu Dir, spiele am 5.
mein Concert und habe dann Zeit zu allem Möglichen.
Meine Reise kann mir sehr gefallen, über Erwartung ist
sie mir in jeder Beziehung erfreulich. Eigentlich ist es
schade, aber die Unruhe, die sie mit sich bringt, möchte
ich nicht lange genießen, und so kommt wohl bald der
Schlußpunkt.

Ich habe keine Zeit, so will ich denn münblich weiter erzählen.

Grüße Deine liebe Frau und auf fröhliches Wiedersehn!

Dein Johannes.

Das Horn-Trio machte überall tiefen Eindruck und war von schöner, romantischer und eigenthümlicher Wirkung. Als er später einmal mit mir in der Nähe von Baden-Baden auf den waldigen Höhen zwischen den Tannen herumwandelte, zeigte er mir die Stelle, wo ihm zuerst das Thema des ersten Satzes dieser Composition gekommen sei.

Das D-moll-Clavierconcert war eins seiner großartigsten Werke aus früherer Zeit. Ich selbst habe den Anfang dieses Concertes früher als Sonate zu zwei Clavieren gesehen. Das langsame Scherzo ist nachher als Trauermarsch im deutschen Requiem verwendet worden.

Leider war das fröhliche Zusammensein diesmal nur von kurzer Dauer, da Brahms aufgefordert war, anderswo in einem Concerte mitzuwirken; er versprach den Besuch aber bald zu wiederholen.

Brief von Brahms aus Hamburg (Januar) 1863.

Lieber Freund!

Ich gehe also am Montag nach Wien! Freue mich, wie ein Kind darauf.

Wie lange ich bleibe, weiß ich natürlich nicht; wir wollen's darauf ankommen lassen und hoffe, wir sehn uns doch den Winter einmal.

Die C-moll-Sinfonie ist nicht fertig, dagegen aber ein Streich-Quintett (2 V.-Celli) in F-moll, das ich am Liebsten Dir schickte und mir darüber schreiben ließ, aber ich will's doch lieber mitnehmen. Gelegentlich.

Anbei meine Händel-Variationen, die Marienlieder sind noch nicht da.

Zu Deinem Trio ist noch immer das Titelblatt nicht fertig.

Grüße die Oldenburger Freunde dort.

Ich bitte Dich, mich nicht ganz ohne Briefe zu lassen. Einstweilen könntest Du ja durch Haslinger schreiben, oder Wesseln und Büsing.

Herzlichstes Lebewohl einstweilen, lieber Albert, Dir und Deiner Frau.

Dein Johannes.

Das neue Streichquintett, das Brahms in Hamburg vor der Wiener Reise beendet hatte, war wieder Mal ein Meisterwerk: Prächtig, immer schöner, immer vollendeter, geistvoller wurde die Ausführung seiner Sachen. In dem Werk ist eine große Fülle von Geist und Können, aber vielleicht ist auch eine seiner herbsten Stimmungen darin ausgesprochen.

Er hat es später in das berühmte Clavierquintett und zu einer Sonate für 2 Claviere, Beides unter op. 34, umgearbeitet.

Im April 1863 bekam ich den ersten Brief aus Wien:

Liebster Freund!

Vergeblich habe ich seiner Zeit Dein Trio und Dein Bild erwartet.

Bis zum ersten Mai werde ich wohl noch hier bleiben: schicke mir doch Dein und Deiner Frauen Bild!

Und schreibe mir ein paar Worte, wie's Euch und allen Möglichen geht. Hast Du mir noch das Trio zugedacht, so schicke es jetzt doch lieber gelegentlich nach Hamburg, wohin mich doch bald die Zärtlichkeit für meine Eltern zieht.

Schreibe mir doch ja, wie lange Du in Oldenburg bleibst, vielleicht mache ich einen Abstecher von Hamburg zu Dir!

Du gehst wohl zum Musikfest nach Düsseldorf?

Mir fällt ein, daß ich Dir meine Marienlieder und die 4 händigen Variationen schicken kann, die kürzlich gekommen sind. Und da lege ich einige Stücke aus einer Oster-Cantate von Schubert bei, die ich mir aus dem Manuscript abschrieb, auch den vollständigen Text, den ich ja zu bewahren bitte, daß ich ihn wieder mit zurückbekomme. Das sind nicht etwa hervorragende Stellen aus dem Lazarus. Durchaus nicht, ganz beliebig schrieb ich nur den Anfang und das Ende des ersten Theiles.

So ist die Musik durchweg, die Arie des Simon gar! O, könnte ich das Ganze schicken, Du würdest entzückt sein von solcher Lieblichkeit!

Du kannst es behalten, bis ich etwa nach Hamburg gehe, dann erbitte ich es mit Text und Deinem Trio zurück.

Willst Du es copiren, so sei es, natürlich für Dich. Obgleich man hier gar keine Umstände mit Schubert'schen Manuscripten macht, und ich gar nicht im Geringsten zur Geheimhaltung verpflichtet wurde, ist es doch schließlich Spina's Eigenthum.

Schreibe bald ein paar Zeilen.

Herzlich Dich und Deine Frau und sonstigen Freunde grüßend
Dein Johannes.

Schließlich lege ich noch ein Quintett bei, auch, bis ich nach Hamburg komme, zu behalten.

NB. Möchte Dich dringend um Deine Photographie bitten, denn hier finden sich doch keine Menschen, über die man seine alten Freunde vergessen könnte, hätte man überhaupt Anlage dazu. —

Am 7. Mai 1863, seinem 30. Geburtstage, kam Brahms nach Hamburg zu seinen Eltern zurück.

Er brachte viel Schönes aus Wien mit an Manuscripten und Bildern, auch den ganzen Schubert, ein Geschenk Spina's. Er selbst schrieb unter einen Brief von Stockhausen an mich:

Der ich Dich herzlich grüße, lieber Albert! Und jetzt im Stande, jeden Tag den schönsten Brief von Dir zu empfangen, sammt Photographien von Dir und Deiner Frau (um welche ich in besonderm bitte). Den Lazarus schicke vielleicht an Joachim, doch mit der Mahnung, daß ich ihn wiederbekomme.

Besten Gruß
Dein Johannes.

Wie beglückte es uns, den Freund wieder in der Nähe zu wissen. Ich schrieb ihm, schickte die gewünschten Bilder mit und bekam folgende Antwort:

Lieber Albert!

Besten Dank für Deinen freundlichen Gruß am 7. Mai. Dein Bild und das Deiner Frau paradirt schon mit allem Anstand neben meinen schönen Madonnen, die ich mir mitgebracht.

Mein Quintett bitte ich ja nicht zu probiren, sondern im Gegentheil mir herzuschicken, damit ich noch etwas darin herumwirthschaften kann, was leider sehr nöthig ist.

Hast Du die 4 händigen Variationen schon gesehen? Habe ich sie Dir eigentlich geschickt?

Die Marienlieder?

Dein Trio sieht auch äußerlich sehr gut aus, aber wie ist es mit der Cello=Sonate?

Die neue Braut*) hat mich sehr entzückt.

Erst im Wald, beim lustigen Herumschlendern, dann auch als Orpheus in schöner sanfter Würde! . . . . . .

Ich werde in Blankenese, zwei Stunden von Hamburg, an der Elbe, für's Erste wohnen.

Auch gehen mir genug lustige Reisepläne durch den Kopf. Was hast Du etwa vor für den späteren Sommer? Einstweilen nimm mit dem flüchtigen Gruß vorlieb. Adresse an die Eltern (Fuhlentw. 74) im Fall Du schreibst, was, ich hoffe, geschieht, und NB. das Quintett!

---

*) Fräulein Amalie Weiß. Vgl. Seite 36.

Deiner Frau küsse ich die Hand, was ich in Wien sehr schön gelernt habe, und so leb' wohl!

Herzlich

Dein Johannes.

Auf unsere Bitte, uns gleich zu besuchen, ging er sofort ein. Von Wien hatte der nun schon so berühmt gewordene Freund uns die alte Freundschaft, den Kindern die warme Zärtlichkeit zurückgebracht, aber auch in seinem Wesen den frischen Humor und die Lust am Necken. Viel jugendliche Gäste Mittags, Nachmittags und Abends zum begeisterten Musiciren verschönten die Zeit. Es waren heitere Tage! Wie viel haben wir auch fröhlich gelacht!

Daher das freundliche Gedenken an diese Tage in seinem nächsten Brief:

Hamburg 1863.

Lieber Albert!

Mit den herzlichsten Grüßen an Dich, Deine Frau, meine Braut und meinen Schwager*) und alle guten Freunde in Oldenburg, lasse ich hier das versprochene Quintett an Dich abgehen. Ich selbst gehe auch morgen ab und zwar direct nach Karlsruhe, woselbst sich die Firma Levi zur Empfangnahme von Briefen an mich empfiehlt.

Ich hoffe sehr, diesmal bälder meinen Besuch bei Dir wiederholen zu können, er war wirklich so erfreulich, daß ich eine lange Dank=Epistel schreiben möchte. Die Meinen

---

*) Unsere Kinder Clara und Max, 2 und 3 Jahre alt.

fand ich alle wohl, das und einiges Joachim'sche Musiciren war denn auch so ziemlich das einzig Labende.

Meine Schwester, mit deren spitzer Stahlfeder ich mich quäle, läßt Dich bestens grüßen.

Empfiehl mich Herrn von Dalwigk und, wie gesagt, Allen in und außer dem Hause.

Herzlichst
Dein Johannes.

Hamburg 1863.

Lieber Albert!

Ich hoffe, dies und Beifolgendes erreicht Dich noch in Oldenburg, und es ist dafür gesorgt, daß es Dir in schönere Länder, an den Rhein oder das Meer folgen kann. Ich will wünschen, das Meer möge nicht allzu nöthig sein.

Das Quartett nahm ich von Hannover mit und versprach es Dir zu bringen oder zu schicken. Ich kann jetzt mich nicht entschließen, meinen Eltern das kurze Zusammensein noch zu kürzen.

Ich habe nämlich die Chormeisterstelle in Wien angenommen und muß also im August etwa doch schon hin.

Nun möchte ich Dich sehr bitten, mir doch Einiges dahin Schlagende mitzutheilen. Auf's Geradewohl, denn ich weiß eigentlich nichts zu fragen, und habe doch enorme Scheu, gerade in Wien mein Talent in dieser Sache zu versuchen.

Empfiehl mir etwa ein recht practisches Oratorium von Händel, womit ein Neuling einigermaßen sicher debütiren kann. Wie hast Du es im Besonderen z. B. mit dem

Weihnachts-Oratorium von Bach gehalten? Das möchte ich wohl vornehmen. Hast Du es vollständig aufgeführt? An zwei Abenden? Nur einige Theile? Die zwei ersten scheinen mir practisch bei flüchtiger Durchsicht.

Kannst Du mir überhaupt als bejahrter und hoch= weiser Hofcapellmeister rathen oder empfehlen, so bitte ich.

NB. Alexanderfest von Händel und Weihnachtsoratorium gehen mir besonders durch den Kopf und hörte ich gern Beliebiges über Instrumentation ꝛc.

NB. Hättest Du etwa Letzteres mit oder ohne Orgel instrumentirt und könntest mir dies zur Ansicht und zum Studium mittheilen, so wäre mir's das Allerliebste! Wenn's auch nur zerstreute Blätter und Einzelnes ist, daß ich ein Princip, überhaupt die Art und Weise er= kennen mag.

Ich möchte sehr gern Anfang August, Ende Juli, Frau Schumann in Baden=Baden besuchen. Da frage ich denn, ob Du auch etwa ähnliche Absicht hast, da wünschte ich denn doppelt, es möglich zu machen.

Schreibe hierher.

Und pausiren wir etwa zum September hin zu start im Correspondiren, so adressire an Büsing oder Spina in Wien.

Ich hoffe doch nächstens zu hören.

Könnte nicht Düsternbrook bei Kiel Dir nützlich sein? Das läge mir freilich herrlich zu Wunsch!

Herzliche Grüße von den Meinen.

Dein Johannes.

Uns zu sehen und zu treffen an irgend einem der von ihm vorgeschlagenen Orte war uns leider versagt, da ich ganz andere Reisepläne auszuführen hatte.

In unser glückliches Haus war schwere Sorge eingezogen. Endlich war sie überwunden.

Brahms war den Winter in seiner Stellung in Wien mit großem Erfolg fleißig gewesen. Er schrieb an mich von dort, und da der Brief außer den uns liebevoll tröstenden Worten manches Interessante über ihn selbst enthält, so gebe ich ihn theilweise hier wieder:

Wien 1864.

Liebster Albert!

Wie hat mich Euer Brief so froh gemacht! Er war mir eine rechte Herzensfreude! Seid denn liebevollst gegrüßt! . . . .

Sei uns doch ein frischer, offener und möglichst heiterer Blick für's Leben, das wir doch leben müssen, erhalten. . . . .

Dein Brief ist mir erst heute zugekommen, er war an meine frühere Adresse gerichtet; ich wohne Singerstraße, im Deutschen Hause.

Mein Winter ist bald zu Ende, und habe ich jetzt mich zu entschließen, ob ich kommenden Winter in der gleichen Stellung hier zubringen will, was mir sehr schwer wird, trotzdem natürlich Academie und Orchester manche Freude bereiten.

Im Laufe des Sommers müssen wir uns jedenfalls und hoffentlich länger sehen.

Ich weiß gar nicht, wo ich etwa bleibe, sonderlich da immer der Geldbeutel ein naseweises Wort hineinredet. Jedenfalls kommen wir für's Erste **brieflich** nicht auseinander! In Baden-Baden und jedenfalls in Hamburg möchte ich einige Zeit sein.

Ob mein Beutel so kühne Ideen wie Salzburg, Tyrol begreifen wird, bezweifle ich sehr.

Du wünschest mein G-moll-Quartett? Hast Du denn das in A-dur? Sonst schicke ich lieber zugleich, was ich habe. Sonst erscheint der Zeit:

Duette für Alt und Bariton,
ein Psalm für Frauenchor und Orgel,
geistliche Gesänge für gemischten Chor,
drei Soloquartette mit Pianoforte,

von welchen Sachen Dir Manches bekannt sein wird.

Es wäre möglich, daß ich nicht zu lange noch hier bleibe; dann ginge ich nach Hamburg und sähe Dich jedenfalls bald. Man weiß schwerer wohin, wenn man weder gehalten noch gestoßen wird!

Für heute sei's mit diesem Gruß genug. —

Deiner lieben und braven Frau das Herzlichste. Laß' ja recht bald wieder hören, und täusche mich die Hoffnung nicht, daß ich bald die Freunde im Norden sehe, die mir hier nicht ersetzt werden können.

In herzlichster Liebe
Dein Johannes.

Der Herbst des Jahres 1866 bereitete uns die große Freude, Frau Clara Schumann mit ihrer Tochter

Maria und gleichzeitig Johannes Brahms als Gäste in unserm Hause beherbergen zu können. Während ihres Aufenthaltes in Oldenburg veranstaltete Frau Schumann eine Abendunterhaltung, worin Brahms mit ihr seine 4 händigen Walzer spielte.

Wie schön war das Leben im Hause! Schon die Frühstücksstunden, wie vergingen sie so interessant und durch Brahms' Munterkeit so heiter! Und wie genußreich und traulich waren die Abende beim Thee und beim schönsten Musiciren!

Eine größere musikalische Gesellschaft in einem befreundeten Hause, die zu Ehren der Künstler veranstaltet war, steht noch frisch und lebendig vor unserer Seele!

Brahms hatte die 4 händigen ungarischen Tänze im Manuscript mitgebracht. Er und Frau Schumann spielten sie vom Blatt mit einer Begeisterung und einem Feuer, daß Alles in Jubel ausbrach. Nach allem Schönen, was sie sonst noch vorgespielt hatten, feierte der kunstbegeisterte Hausherr seine Gäste in folgenden schönen Worten:

Auf steilem Pfad empor sich winden,
Auf Schlangenwegen zurecht sich finden,
Starre Gesetze zu überwinden
Ist Künstlers Müh!

Wird's ihm gelingen?
Wird er's erringen?
Hosianna singen
Der Harmonie?

Die Flügel heben,
Zum Aether schweben,
Im Himmel leben,
Befreit vom Dunst,
Und dann in's Leben
Sich wieder begeben,
Es adeln, erheben —
Das thut die Kunst!

Ihr, die Ihr gerungen,
Das Schicksal bezwungen,
Euch ist es gelungen,.
Besieger des Grams!

Das Gläschen es winket
Der Wein drinnen blinket —:
Frau Schumann und Brahms!

—

Im Frühjahr 1867 schrieb er:

Wien 1867.

Lieber Freund!

Die Sonne scheint so schön — das zeigt ja auch, daß jetzt für Männer von Amt und Würden die „freie Zeit" kommt, um die Ihr Unsereinen vielleicht närrischer Weise das ganze Jahr beneidet, daß ich dann lange Zeit nicht weiß, wohin denn einen fragenden Brief schicken, und das unterbricht meine Schreibfaulheit. Laß vorher ein Wort hören, wie es Euch geht, und wohin es für den Sommer geht!

Ich scheine hier in Wien zu bleiben, Poststraße 6, oder durch Spina, wenn Du einmal in Zweifel bist, ob ich hier bin.

Ich war den Winter ein Esel, wie gewöhnlich, und habe demgemäß im schönsten Frühling hier in Pest c. Concerte gegeben. In Pest bei 28 Grad Hitze. Der Erfolg war ein so guter in jeder Beziehung, daß ich doppelt ein Esel heißen muß, mir den Erfolg nicht rechtzeitig verschafft zu haben und bei der Gelegenheit mein Requiem losgeworden zu sein.

Nun laß mich hören, wie Du es besser verstehst, Dir und Andern musikalische Freuden zu bereiten.

Gingst Du nach Düsseldorf, möchte ich Dir fast mein Requiem zur Durchsicht anbieten. Fast auch Dich bitten, es dem Bonner Freund Deiters, dem ich mich ernstlich verpflichtet fühle, mitzutheilen. Ebenso H. Pf. von Noorden.

Daß Du mein Quintett und 2. Serenade aufgeführt, las ich, doch wüßte ich gern mehr und hätte gern die Programme in der Hand.

Und was denn sonst die Oldenburger Freunde machen? Zunächst im Haus die Frau, die Kinder, dann weiter die Freunde.

Ehe Du die Ferienreise antrittst, laß mich ein Wort hören, wenn auch nur ein so flüchtiges wie dieses für Dich. Möchtest Du nicht einmal in die schönen österreichischen Lande reisen? Und auch mal nach Wien kommen? Jetzt, im Frühling ist es noch reizend schön in der Kaiserstadt.

Doch, für heute nur noch schönste Grüße an Frau, Kinder und alle Möglichen.

Recht herzlich

Dein Joh. Brahms.

Wien 1867.

Lieber Freund!

Meine Langsamkeit hat's denn doch verhütet, daß unsre Briefe sich zum 2. Mal kreuzen.

In aller Eile: Ich mache morgen ꝛc. eine kleine Tour mit meinem Vater durch Ober-Oesterreich. Ich weiß nicht, wann ich wiederkomme.

Behalte beifolgendes Requiem, bis ich Dir schreibe. Gieb's nicht aus den Händen. Und schreibe mir schließlich recht ernstlich, was Du davon hältst.

Ein Bremer Anerbieten wäre mir freilich höchst erwünscht.

Es müßte freilich wohl mit einem Concert-Engagement verbunden sein. Kurz das Ding müßte wohl Reinthaler grabezu gefallen, daß er etwas dafür thäte.

Ich bin im Uebrigen wohl geneigt, ähnliche Sachen ruhig liegen zu lassen, denn abstrapeziren thue ich mich nicht dafür.

Von Weihnacht an bin ich zu Allem bereit. Joachim und ich geben hier vermuthlich vorher Concerte.

Für heute bloß herzliche Grüße an Dich und Alle. Schreibe immerhin durch Spina.

Herzlich

Dein

Johannes.

Nach Beendigung der Reise begleitete er seinen Vater nach Hamburg. Von dort schrieb er mir wieder:

Hamburg 1867.

Lieber Albert!

Wollest mir anjetzo bald kürzlichst meine Partitur wiederschicken, die schöne Gelegenheit auch weislich benutzen und dies und das beilegen — vor Allem einen langen Brief!

Ich hatte die große Freude, meinen Vater einige Wochen bei und mit mir zu haben. Wir machten eine hübsche Tour durch Steiermark und Salzburg; denke Dir, welcher Genuß mir die Freude meines Vaters war, er hat niemals einen Berg gesehn, ist fast niemals aus Hamburg herausgekommen.

Jetzt denke ich ruhig hier zu bleiben, Pläne machen nützt bei mir leider nichts, da doch nur geschieht, was mir so von selbst kommt.

Doch habe ich den Wunsch, mein Requiem wieder in meinem eignen Schrank liegen zu haben, also — schicke, aber nicht ohne Noten und Wörterbeilage.

Herzliche Grüße sage in Haus und Stadt.

Dein
Joh. Br.

Postgasse 6.

Hamburg 1867.

Lieber Dietrich!

Ehe denn der Sommer dahin ist, sollt Ihr doch durch einen kurzen Gruß an mich erinnert werden.

Wie alt der Eure ist, kann ich leicht nachrechnen — war ich doch in der verzweifelten Lage einen Sommer=

überzieher verloren zu geben und mir einen neuen zu kaufen — da kam der lang Vermißte, schön eingehüllt von süßen Liedern und lieben Worten; wie herzlich wurde alles empfangen!

Mit einer Sinfonie kann ich leider nicht aufwarten, aber ein Gaudium wär mir's, wenn ich Dich, lieber Albert, einen Tag hier hätte, um Dir mein sogenanntes „deutsches Requiem" vorzuspielen!

Gedrucktes lege ich Einiges bei.

Ich war bis jetzt in der Schweiz in Zürich wohnhaft. Jetzt bleibe ich ein Weniges hier und denke dann nach Wien zu gehn. Ist Euch d. h. Deiner Frau einmal von der dortigen Buchhandlung Simrock's Kinderbuch zugeschickt? Eine Frau vergißt nämlich sonst nie so etwas zu bemerken, daher die Frage!

Hier geht's Allen gut.

Frau Clara! Ich sehe jetzt auf ein Haar Ihrem Albert gleich! Sie dürfen das ziemlich buchstäblich nehmen! Wie also das?

Wart Ihr den Sommer in Düsseldorf? Und wie geht's? und wie steht's? und schreibt ein Wort.

Grüße an Alle in und außer dem Haus.

Euer

Johannes Brahms.

Dieser Brief bezieht sich auf eine Zeit zurück, die wir äußerst heiter und glücklich mit Brahms in unserer Häuslichkeit verlebten. Es war im Anfang des Sommers; das

Leben spielte sich meist in unserm Garten ab, den wir selbst bepflanzt hatten und schön pflegten. Das Alles hatte für ihn Reiz, und ein Kaffeestündchen in einer unserer Lauben, die Kinder um ihn herum, gab ihm ein solches Behagen, daß alle Saiten seiner liebenswürdigen Natur geweckt wurden.

Als wir ihn im Winter wiedersahen, trug er einen Bart, wie ich, auf den er im vorliegenden Brief in neckischer Weise hindeutet.

Ich hatte von Brahms die Manuscript-Partitur des Requiem erhalten und war davon auf das Tiefste ergriffen. Sofort eilte ich damit nach Bremen zu Musikdirector Reinthaler, der die hohe Bedeutung des Werkes erkannte und sich auch rasch entschloß, schon den nächsten Charfreitag das Requiem im Dom aufzuführen.

Mit welcher innigen Freude theilte ich Brahms das mit! Welche Aussichten für die nächste Zukunft!

Den 4. April 1868 kam Brahms zunächst nach Oldenburg, um im Concert zu spielen. Wir hörten eines seiner schönsten Werke, die wunderbaren Variationen über ein Thema von Händel. Er spielte sie, sowie das Clavierconcert von Schumann in seiner klaren, tief poetischen Art.

Er blieb noch bei uns, bis die Proben in Bremen begannen. Die Aufführung war auf den 10. April festgesetzt. Unsere erwartungsvolle, freudige Stimmung steigerte sich, je mehr Gäste sich zur Aufführung meldeten.

„Nun fehlt mir nur noch Frau Schumann, die ich schwer vermissen werde," klagte Brahms!

Heimlich wurde ihr dieser Wunsch mitgetheilt, und obgleich sie eine Reise von dem entfernten Baden-Baden zurückzulegen hatte, kam sie noch rechtzeitig zur Aufführung an, Brahms auf's Freudigste im Dom überraschend. Wir sahen sie am Arme von Brahms in den Dom treten.

In dieser ersten Aufführung fehlte noch der Satz: „Ich will Euch trösten". Statt dessen sang Frau Joachim die Arie aus dem Messias: „Ich weiß, daß mein Erlöser lebt", und Joachim spielte darauf das Abendlied von Schumann; und Beide wie schön, wie vollendet!

Der Dom war nie so voll gewesen, die Begeisterung nie so groß!

Die Wirkung des wundervollen und herrlich aufgeführten Werkes war geradezu überwältigend, und es wurde den Zuhörern jetzt schon klar, daß das Werk zu dem Höchsten gehört, was in der Musik erschaffen worden ist.

Im altberühmten Rathskeller folgte der Aufführung eine ausgewählte Versammlung von Künstlern und Kunstfreunden, die sich dort zu einer selten schönen Nachfeier vereinigten.

Da waren also außer Brahms (auch sein Vater war aus Hamburg gekommen): Frau Schumann mit ihrer Tochter Marie, Reinthaler's, Joachim's, Stockhausen's, Bruch, Grimm's mit dem noch ganz jugendlichen, warm begeisterten Richard Barth und wir -- Alles nächste Freunde von Brahms, dann Rieter Biedermann aus der Schweiz, der spätere Verleger des Requiem, und viele andere aus der Nähe und Ferne, sogar aus England ein glühender Verehrer von deutscher Musik, im Ganzen ungefähr 100 Personen.

Von den Tischreden, die wir uns damals aufgeschrieben haben, will ich nur zwei erwähnen, die von Reinthaler auf den Componisten und dessen Antwort darauf.

Die Reden lauteten wörtlich:

Mit großer Freude und mit gerechtem Stolze begrüße ich heute hier die auserwählte Versammlung — eine Versammlung so seltener Art, die gekommen ist, um ein neues Werk eines unter uns weilenden Componisten theilweise selbst mit zur Aufführung zu bringen, anderntheils es sich als Zuhörer vorführen zu lassen.

Es erfüllt mich mit ganz besondrer Freude, daß grade hier in Bremen dieses Werk zuerst zur Aufführung gelangt ist.

Es ist ein großes schönes Werk, was wir heute gehört haben. Innig und tief empfunden und geistvoll ausgeführt — ja man kann wohl sagen, es ist ein Epoche machendes Werk! Uns Alle, die wir es gehört haben, darf es mit Stolz erfüllen, weil uns dadurch die Ueberzeugung geworden, daß deutsche Kunst noch nicht ausgestorben ist, sondern daß sie sich wieder zu regen beginnt, und daß sie wachsen werde so herrlich wie zuvor!

Es war eine bange — stille trübe Zeit, fast schien es, als sei der Abend hereingebrochen, als wir den letzten theuren Meister begraben hatten*); aber heute, nach der Aufführung dieses Requiem können wir uns sagen, daß die Schüler jener großen Meister vollenden werden, was jene so herrlich begonnen.

Und daß ich nun so glücklich habe sein können, etwas dazu beizutragen, daß das Werk in nicht ganz unwürdiger Weise zur Aufführung gekommen ist, erfüllt mich mit ganz besonderer Freude. Jeder Einzelne hatte mich aber auch darin unterstützt, jeder hatte seine Aufgabe mit freudiger Liebe erfaßt, mit regem Eifer, ja ich darf sagen, mit voller Begeisterung sich ihr hingegeben, weil jeder fühlte, daß es etwas Erhabenes sei!

Sie Alle freuen sich nun gewiß mit mir, daß wir den Schöpfer dieses herrlichen Werkes jetzt hier unter uns sitzen haben, und Sie werden freudig mit mir anstoßen auf das Wohl des Componisten, unseres Brahms!

Schlicht und bescheiden antwortete Brahms:

Wenn ich mir jetzt hier ein paar Worte erlaube, so muß ich zuerst sagen, daß mir die Gabe der Rede gar nicht zu Gebote steht. Es sind aber hier so Viele unter den Versammelten, denen ich so gern ein Wort des Dankes sagen möchte, so viel liebe Freunde, die mir Gutes und Angenehmes erwiesen haben, und so ganz besonders ist es mein verehrter Freund Reinthaler, der sich mit solcher Aufopferung der Einstudirung meines Requiems hin=

---

*) Robert Schumann.

gegeben hat. So lege ich denn meinen Dank für Alle auf seinem Haupte zusammen und bringe diesem ein dreifaches Hoch!

Der ganze Abend verlief in so hoher Begeisterung, daß man sich glücklich preisen muß, diese Stunden mit erlebt zu haben.

Schon nach einigen Wochen, am 27. April, wurde das Werk wiederholt, aber nicht im Dom, sondern in der Union, unter Reinthalers Direction. Ich selbst führte das Requiem in Oldenburg zwei Mal auf.

Im Sommer kam Brahms noch einmal, um mit Reinthaler's und uns einige Parthien in die Umgegend zu machen. Eines Morgens fuhren wir zusammen nach Wilhelmshaven, Brahms interessirte es, den großartigen Kriegshafen zu sehn.

Unterwegs war der sonst so muntere Freund still und ernst. Er erzählte, er habe früh am Morgen (er stand immer sehr früh auf) im Bücherschrank Hölderlin's Gedichte gefunden und sei von dem Schicksalslied auf das Tiefste ergriffen. Als wir später nach langem Umherwandern und nach Besichtigung aller interessanten Dinge ausruhend am Meere saßen, entdeckten wir bald Brahms in weiter Entfernung, einsam am Strand sitzend und schreibend.

Es waren die ersten Skizzen des Schicksalsliedes, welches ziemlich bald erschien. Eine schon geplante Parthie in den Urwald unterblieb. Er eilte nach Hamburg zurück, um sich der Arbeit hinzugeben.

Dietrich, Brahms. 5

Er hatte uns auch von einem recht unheimlichen Opern=
text erzählt, zu dessen Bearbeitung er aber nie gekommen ist.
Nach seiner Gewohnheit, mir alle seine neuen Arbeiten
mitzutheilen, schickte er mir im Jahre 1869 die Cantate
Rinaldo und schrieb dazu:

Lichtenthal bei Baden=Baden 1869.

Lieber Dietrich!
Statt des Briefes, der längst geschrieben sein sollte,
ließ die Partitur. Daß Du im Norden, z. B. Greifs=
wald, herumgefahren, habe ich mir neulich erzählen lassen.
Mit der Widmung Deiner Sinfonie machst Du mir
die größte Freude! Wenn sie uns nur nicht noch lange
vorenthalten wird . . . .
Nächstens kommen wieder Walzer von mir, diesmal
mit Gesang! Schreibe mir dann, wie sie Dir gefallen.
Ich war den Sommer in Baden, und werde die
Hochzeit von Julie Schumann abwarten.
Grüße Frau und Kinder, auch sonst alle Möglichen
und laß einmal hören.
Einstweilen Dein eiliger
Joh. Brahms.

Die ihm gewidmete Sinfonie war vollendet; sein
Dank dafür blieb aber lange aus. Erst im Februar 1870
schrieb er wieder:

Lieber Freund!
Schon zu lange bewahre ich den Dank für Deine
Sinfonie. Du hast mich herzlich erfreut durch das schöne

Geschenk, und um es noch schöner zu machen, hätte nur ein Orchester sie klingend bringen können.

Das Leipziger Publikum freundlich zu sehen und bei dieser unserer Sinfonie, das wäre mir freilich ein Gaudium gewesen.

Wann werde ich sie hören! Die Reise zu Euch scheint mir auch immer weiter . . . .

Besondern Dank auch Deiner lieben Frau für ihren freundlich plaudernden Brief.

Meine Rhapsodie (s. u.) schicke ich Dir; die Musikdirektoren werden sich gerade nicht reißen um das Opus; aber Dir ist es vielleicht eine Befriedigung, daß ich nicht immer im leichtsinnigen $^3/_4$=Takt gehe!

Deine Sonate wird öfter bei mir gespielt und sehe ich jetzt begierig nach der neuen Oper aus.

Hier haben wir grade eine üppige Musikzeit. Rubinstein, Meistersinger und was Alles!

Für heute muß ich mit den flüchtigen Zeilen meinem Dank genug thun. Nächstens mehr.

Hast Du Deinen Bittgesang schon verkauft? Rheinthaler lobt ihn sehr.

Grüße Deine Frau und die künftige Primadonna, auch sonst im lieben Oldenburg was sich grüßen lassen will.

Herzlich
Dein Johannes.

Diese mir gesandte Rhapsodie war, als er sie componirte, ein so aus tiefstem Herzen empfundenes Werk. Er sagte mir einmal selbst, diese Arbeit liebe er so, daß er sie

Nachts unter sein Kopfkissen legen müsse, um sie immer bei sich zu haben. Das Werk ist aber auch hinreißend, wenn man so sagen kann von einem Werke, das einen bis in das Innerste erschüttert und ganz überwältigt. Es ist etwas ganz Wunderbares. Wie ein Stück eigenen Lebens ergreift es und nimmt die Seele so ganz ein, daß man es nie mehr vergißt. Man lebt in steter Sehnsucht danach, es wieder zu hören.

Brahms besuchte uns dann noch einige Male. Eines Abends überraschte er auf's Angenehmste das Publikum in einer Quartett=Soirée, da er unerwartet zu uns gekommen war, und meine Clavierpartie übernommen hatte und zwar zufällig in seinem A-dur-Quartett. Für die Oldenburger war es ein Festabend. —

Fast jedes Jahr ging Brahms für längere Zeit, oft 10 Wochen lang, im Sommer in Frau Schumann's wohlthuende Nähe nach Lichtenthal, wo er sich in der Nähe ihrer Villa einmiethete.

Als ich im Jahre 1872 am Rhein meine D-moll-Sinfonie dirigirte, auch in Bonn, zeigte mir mein Freund v. Wasielewski, der dortige Musikdirector, eine sehr schön geschriebene umfangreiche Violinstimme und frug, ob ich die Notenschrift schon gesehen. Sofort erkannte ich Brahms' Handschrift aus frühester Zeit. Wir bedauerten sehr, daß die Clavierstimme dazu nicht zu finden war. Es wird die Stimme der bei Liszt in Weimar

1852 verloren gegangenen Violinsonate von Brahms gewesen sein.*)

Die zweite Aufführung des jetzt mit dem wunderbaren Satz: „Ich will euch trösten" versehenen Requiems wurde im Jahre 1871 in Bremen zugleich mit dem Hallelujah (erster Chor des Triumphliedes) veranstaltet.

Reinthaler hatte mich schon um möglichst starke Betheiligung von Oldenburger Sängern für das gewaltige Hallelujah gebeten.

Auch Brahms schrieb deßhalb folgendermaßen:

Wien, Februar 1871.
Lieber Freund!

Dieser Zettel soll nur sein, wie der Finger, der an die Thür klopft. Ich trete ja gleich ein und muß auf ein verdrießliches Gesicht gefaßt sein!

Verzeih mir, ich bin eben im Briefschreiben noch etwas fauler als im Notenschreiben — was das heißen will, wirst Du mit Schrecken erfahren!

Ich gehe nächstens nach Deutschland, ich fürchte mich fast. Wir draußen haben uns gewöhnt nur zu jubeln über das, was vorgeht; Euch ist der Ernst und Schrecken dieser schönen und großen Zeit doch entsetzlich nahe vor die Augen getreten, und Ihr mögt etwas feierlich drein schauen.

In Bremen sehen wir uns wohl jedenfalls. Du weißt wohl, daß ich den Eingangs-Chor zu einem

---

*) H. Reimann spricht davon in seinem Buche „Johannes Brahms" S. 6.

Triumphlied an Reinthaler geschickt habe. Er klagt über seinen schwachen Chor. Könntest Du nicht einige Freiwillige von Oldenburg schaffen, die die 8stimmigen Forte mitsingen?

Schwer ist es nicht, nur forte.

Lieber, jetzt sei nicht bös, wenn ich komme, grüße die Frau, Deine Kinder und alle Menschen in dasiger Stadt recht herzlich von

Deinem Joh. Brahms.

Wir gingen natürlich wieder nach Bremen, um das neue Werk kennen zu lernen; es wirkte überwältigend und großartig, hatte auch auf dem Musikfest in Düsseldorf ungeheuren Erfolg.

In den folgenden Jahren kam Brahms nur noch selten nach Norddeutschland. Ende 1873 war er einmal wieder unser Gast. Das Jahr darauf schrieb er:

Wien, 1874.

Lieber Freund!

Es ist mir gar zu leid — aber Du kommst zu spät! Ich habe schon gar so viel versprochen und komme nicht in Eure Gegend!

Hättest Du zeitiger geschrieben, da hätte ich mit Bremen und Hannover 2c. es arrangirt, denn zu Euch käme ich ernstlich gar zu gern einmal wieder!

Nun kann ich leider nichts thun, als vor Allem Deine Tochter auf das Beste grüßen! Du weißt wohl, daß ein gewisses, für die Mutter, nicht ganz unbedeutliches Ver=

hältniß zwischen uns nicht aufhört!*) Dann aber grüße weiter, wer sich meiner freundlich erinnert. Du hättest gern Einiges von dort und von Dir dazu schreiben dürfen!
Mit herzlichen Grüßen also
Dein
J. Brahms.

In den Jahren 1875—77 brachte Brahms den Sommer in einer reizenden Idylle in Ziegenhausen bei Heidelberg zu, wohin er mich auch einlud; ich besuchte ihn auch und sah dabei seinen anmuthigen Aufenthalt und seine neuen Arbeiten; doch weiß ich mich nicht mehr ganz genau zu erinnern, welche es waren.

1879 trafen wir uns in Frankfurt zur Aufführung meiner Oper „Bobin Hood". Da hörten wir bei Frau Schumann sein großartiges Violinconcert von Heermann gespielt. Von Frankfurt ging er nach Bremen, um sein Requiem zur dritten Aufführung zu bringen und selbst zu dirigiren.

Später blieb er an Wien gefesselt und machte jähr= lich seine Reise nach Italien, nach dem Norden kam er selten.

Im Jahre 1884 sollten wir aber doch noch einmal die Freude erleben, ihn in Oldenburg zu sehen. Er wirkte in einem Concerte mit, in dem nur Werke von ihm auf= geführt wurden. Er meldete sich mit folgender Karte an:

---

*) Eine seiner steten Neckereien.

L. J.! Dein Brief hat mich ganz besonders gefreut, denn ich hatte Angst, es möchte Dir die Zeit sehr unpassend sein und Du mich für unfreundlich halten. Also ich komme zum 19. Dec. und freue mich sehr auf das neue Haus und die alten lieben Menschen. Ein Brahms-Abend ist mir nicht gerade sympathisch, aber so was wie Liebeswalzer habe ich sehr gerne im Programme. Vielleicht machst Du zum Schluß ein ordentlich Stück von einem ordentlichen Musikanten!?

Doch Alles wie und was Du willst.
Mit besten Grüßen
Dein Joh. Brahms.

Wir hatten uns inzwischen ein reizendes Haus gekauft und freuten uns, den Freund darin aufzunehmen.

Den ersten Abend verlebten wir traulich im Familienkreise. Den andern Mittag, als wir gemüthlich bei Tische saßen, ging die Thür auf, und herein traten zu unserer großen freudigen Ueberraschung Brahms und uns befreundete liebe Gäste aus Bremen, sieben an der Zahl, unter ihnen Hermine Spies, die den vorhergehenden Abend in Bremen mit Brahms gesungen hatte. Sie Alle wünschten das Concert in Oldenburg mit anzuhören, Frl. Spies sogar in demselben vier Lieder von Brahms zu singen: die Mainacht, Therese, Minnelied und Vergebliches Ständchen — welch willkommene Ueberraschung für das Publikum!

Es wurden aufgeführt: Tragische Ouverture, das Concert in B-dur und die Sinfonie Nr. 3, alle diese

Werke waren von großer Wirkung. Dann folgten noch die Liebeslieder=Walzer, das Lieblichste und Reizendste, was man hören kann, und die Lieder, von der gefeierten Hermine Spies entzückend gesungen, riefen einen Sturm der Begeisterung hervor!

Auf's Heiterste verbrachte man den Abend mit den lieben Gästen. Hermine Spies, nach Hause zurückgekehrt, schrieb darüber an meine Tochter:

Wiesbaden, 29. December 1884.

Auch ich, liebstes Clärchen, bin in Gedanken noch ganz in Oldenburg und Bremen, und kann mich von den herrlichen Erinnerungen noch gar nicht losreißen. Welch eine Reihe von Genüssen habe ich in mich aufgenommen. Das hält lange vor. Daß ich Brahms nun auch als Mensch genießen konnte, ist mir von ganz besonders hohem Werth. Wie reizend war er mit uns, als wir die Rebusse machten. Wie gemüthlich war es in Eurem reizenden Heim! Dies war für mich der schönste Tag der ganzen Reise. Ich spiele jetzt natürlich den ganzen lieben langen Tag Brahms. Es ist für mich eine wahre Erholung, nach all der Berufsmusik einmal zum Vergnügen zu musiciren. Ich habe sämmtliche Werke von Brahms zu Weihnachten geschenkt bekommen und wühle jetzt wahrhaft in herrlichster Musik.

Zwei Jahre später bekam ich von Brahms folgende Karten:

Lieber Albert!

Dein Brief hat mich herzlich erfreut, und wenn ich nicht heute noch nach Italien abfahren wollte, nähme ich auch einen vernünftigen Briefbogen zur Antwort. So kann ich nur kurz danken und zu allem Möglichen Glück wünschen, den neuen Sachen, dem neuen Doctor*) u. s. w. Komm doch nach Düsseldorf! Nach Hamburg werde ich schwerlich kommen. Für heute nur beste Grüße Dir und den Deinen und auch einige mehr!

Von Herzen
Dein J. Brahms.

Wieden bei Wien.

L. Fr.! Dein Gruß hat mich hier gefunden, und ich danke bestens für die herzliche Freude.

Mit allen Gedanken war ich erst auf dem Annanas= berg**) und dann bei Euch dort. Glücklich der gemein= sam verlebten Zeit und mit Freude denkend, wie behaglich und schön sich Dein Leben gestaltet.

Ich habe keine Ahnung, wohin ich den Sommer gehe, nach Köln komme ich schwerlich.

Herzlichste Grüße Dir und den Deinen — deren nun immer mehr werden! —

Ganz Dein J. Brahms.

Wir waren auf der Höhe des Glücks! — Da traf uns der herbste Schlag! — Fast vernichtend! —

---
*) Unser zukünftiger Schwiegersohn.
**) Annanasberg im Hofgarten in Düsseldorf, wo ich 1853 täglich mit Brahms frühstückte.

Die uns theuersten Briefe von Brahms, die wir jetzt und in früheren schweren Zeiten erhielten, vermag ich nicht mitzutheilen, obgleich sie am besten für die Tiefe und Innigkeit seines Gemüthes zeugen würden.

An unsere Tochter, seit zwei Jahren verheirathet, schrieb Brahms:

Wien, 1889.

Liebe Frau Doctor!

Ihr Brief war mir so angenehm wie selten einer, das muß ich Ihnen doch mit meinem besten Danke auch sagen.

Nehmen Sie und Alle, die es angeht, meinen besten Glückwunsch zu dem Töchterchen vom 7. Mai.

Das ist doch ein gar schöner Tag des Jahres*), und hoffentlich freuen Sie Alle sich lange seiner Wiederkehr und des Glückes, das er Ihnen diesmal gebracht hat.

Der guten Nachrichten von Ihrem lieben Vater wie der entzückten Beschreibungen Ihrer lieblichen Kleinen, habe ich mich herzlich gefreut.

Ueber Ihren lieben Vater höre ich auch von anderer Seite recht Erfreuliches und Tröstliches.

Wie dankbar wäre ich Ihnen oder Ihrer Frau Mutter, wenn Sie ein Briefchen an mich wendeten und mir einiges Genauere mittheilten!

Machen Sie mir doch recht bald diese Freude.

So denn nochmals bestens dankend und Sie und Ihre lieben Eltern grüßend

Ihr herzlich ergebener J. Brahms.

*) Nämlich auch Geburtstag von Brahms selbst.

Hier mögen diese Blätter enden; vielleicht können sie
Bausteine für eine erschöpfende Charakteristik des großen,
unvergeßlichen Meisters werden, die von berufener Feder
hoffentlich bald gegeben werden wird.

Ich habe beim Ordnen dieser Briefe die vergangenen
Zeiten und alle die schönen Erinnerungen, die sich für
uns und einen weitverzweigten Freundeskreis an den
Namen Brahms knüpfen, noch einmal durchlebt — möge
seine liebe Gestalt der großen Schaar seiner Verehrer
durch das Büchlein näher gerückt werden, so daß sie in
dem Künstler auch immer den treuen, vortrefflichen
Menschen vor Augen haben. Wird das durch diese
Blätter erreicht, dann will ich mich freuen, das Meinige
beigetragen zu haben zur Ehre und zum Ruhme von
Johannes Brahms.